安定収益を生み出す
ビジネスモデルのつくり方

サブスクリプション実践ガイド

佐川隼人
日本サブスクリプションビジネス振興会 代表理事
テモナ株式会社 代表取締役社長

英治出版

CHAPTER 1

サブスクリプションビジネスとは何か

CHAPTER 2

サブスクリプション4つのモデル

CHAPTER 3

サブスクリプション成功の鉄則

CHAPTER 4

成長企業はどのように実践しているのか

CHAPTER
5

サブスクリプション社会の到来

CHAPTER 1

サブスクリプション
ビジネスとは何か

サブスクリプションとは何か

何か商品を手に入れるとき、あるいはサービスを利用するとき、あなたはどのように選び、購入しているでしょうか。

多くの場合、実店舗へ足を運んだり、インターネットで値段や機能や仕様を比較したり、あれこれ検討したうえで自分好みのものを選ぶでしょう。

では、サプリメントや基礎化粧品、あるいはお気に入りの雑誌や音楽はどうでしょうか？　自分好みのブランドや商品、サービスなどがあらかじめ決まっていて、毎月のようにこまめに買うものについては、定期購入や定額制で決まった金額を、クレジットカードや口座振替などにより支払っている人も多いのではないでしょうか。

こうして考えてみると、私たちは毎月のように何らかの商品やサービスに多くのお金を支払っていることに気づきます。毎月の家賃や光熱費、携帯電話代に通勤・通学の定期券、スポーツジムや料理教室、新聞や雑誌……。最近では、動画配信サービスや音楽聴き放題・映画見放題のサービス、スマートフォンアプリの有料プランやカーシェアリング、食材の定期配達サービスなど、新たな定期購入や定額制のサービスも増えています。

これらのビジネスモデルを総称する言葉が、最近よく耳にする「サブスクリプション」です。

「**サブスクリプション（subscription）**」とは、端的に言えば「**定期購入**」「**定額制**」「**会費制**」「**ストックビジネス**」のことです。毎月一定額の料金を支払うことで、毎月商品を手に入れたり、サービスを継続的に利用したりすることができます。こうしたかたちで商品やサービスを提供する企業が増えており、近年、一般にも知られるようになってきたビジネスモデルです。

世界的に、サブスクリプション化はビジネス界の一大潮流となっています。ソフトウェア会社のマイクロソフトやアドビシステムズ、ＥＣ（電子商取引）サイトのアマゾンや、動画配信サービスのネットフリックスやフールー、音楽配信サービスのスポティファイなど、世界を席巻するグローバル企業が次々にサブスクリプション型のビジネスモデルを取り入れ、大きな成長を遂げています。そして日本でもここ数年で、サブスクリプションは急速に広がってきているのです。

あらゆる分野で広がるサブスクリプション

なぜ今、サブスクリプションが注目を集めているのでしょうか。

さまざまな要因が考えられます。そのひとつは、他でもないインターネットの普及でしょう。インターネットによって、ニュースやコラム記事、音楽や動画などさまざまなコンテンツが無料で見られるようになりました。いわゆる「フリーミアムモデル※」が台頭してきたのです。それによって、従量課金制、つまり利用するたびに支払いを求められる仕組みが、人々の消費行動に馴染まなくなってきました。

あなたもきっと携帯電話の料金プランを、当たり前のように「通話し放題」や「データ定額」にしていることでしょう。今さら「動画を観た時間に応じた料金を払ってくれ」と言われても、戸惑うのではないでしょうか。

また近年、多くの人の関心事は、物質的な豊かさを求めることから「体験としての楽しさ」へ移り変わってきました。いわゆる**「モノ消費からコト消費」への移行**です。

たとえば、会員制スーパーのコストコへ足を運ぶとき、あなたの目的は何でしょうか。

※　基本的なサービスや商品は無料で提供し、高度なサービスや機能については有料で提供することで収益を得るビジネスモデル

決して「ほしいものを安く大量に手に入れる」だけではないはず。おそらく、「海外で買い物をするような楽しさ」「珍しい商品を見つけるワクワク感」なども求めているのではないでしょうか。つまり、**消費体験そのものに「ストーリー」を求めている**のです。それにともない、企業やブランド、ショップが発信するストーリーやメッセージに共感し、それらに参加するために「会費」を払うという消費の仕方が広がってきたのです。

一方で、そうやって消費者のニーズが多様化し、商品やサービスが細分化され、選択肢が無数に増えたぶん、「どれがいいかわからない」「選ぶのが面倒」「好きなものを好きなだけ利用したい」といった意識を持つ人が増えてきたことも確かです。

洋服のコーディネートに迷ったとき、インターネットで「コーディネート　おすすめ」と打ち込んで検索しても、自分に似合う洋服はわかりませんよね。かといって、実際にセレクトショップへ足を運んで、店員さんに「お似合いですよ」と言われても、本当に似合っているかどうか不安になったり、余計な服を売りつけられてしまうのでは？　と思ったりする人もいるのではないでしょうか。その代わりに、プロのスタイリストが自分のために選んでくれた洋服を借りられる定額制のファッションレンタルサービスなら、いつでも自分に似合ったファッションを安心して楽しむことができます。

つまり、サブスクリプションは、多種多様な消費者の気持ちを最大限にくみ取り、悩みや課題を解決する手段として、非常に優れたビジネスモデルなのです。だからこそ今、勢いのある企業がこぞって導入していると言えるでしょう。

なぜサブスクリプションが重要なのか？

サブスクリプションは、消費者の悩みや課題を解決してくれるだけではありません。もちろん、企業側にとっても大きなメリットのあるビジネスモデルでもあるのです。

あらゆるビジネスモデルは「**フロー型（労働集約型）**」と「**ストック型**」の二つに大別されますが、サブスクリプションはストック型に分類することができます。

フロー型ビジネスは、単発の受注や販売で収益を上げつづけるビジネスモデルのことです（**図1**）。自動車を製造して販売する、野菜を仕入れて売る、レストランで料理を出してお金をもらうなど、世の中の多くの事業がフロー型のビジネスモデルで行われています。このモデルでは、販売するたびに確かな収益が得られますが、継続的な売上見通しを立てることは困難です。景気や気候、ライバル店の動向など外的要因によって業績が左右されやすく、先々の計画も立てにくいと言えます。

売上の見通しを立てるうえで経営者が参考にするのは、一般的には前年実績や見込み客だと思いますが、これらが一定のペースで続く保証はどこにもありません。経営者はスタッフに「最低でも前年比110%を達成できるように頑張ろう」などと漠然とした数値目標を掲げることもあるでしょうが、その数値は予測に基づくものではなく、期待に基づくものに過ぎません。頑張りによって一時的には前年比110%を達成できたとしても、それが続く保証もないのです。

来月、再来月といった先々の売上の見通しが立てにくいため、生産や設備投資の計画も立てにくく、その意思決定はつねにリスクの高いものとなります。期待によって作られた「前年比110%」といった事業計画に基づいて生産しても、売上が思ったほど上がらなければ、余剰在庫が生じることにもなり業績が落ち込みかねません。業績の見通しが立てられない、先行きが不透明・不安定な会社ということになると、銀行や投資家から高い評価を得ることは難しいでしょう。資金繰りに不安を抱え、上場を目指すこともできず……と、経営者はネガティブな要素ばかりに悩まされることとなるのです。

図1　フロー型ビジネス……爆発的な売り上げ増が期待でき、取引が一度きりというモデル。
（例）飲食店やシステム開発など、「作って売る」を繰り返すもの

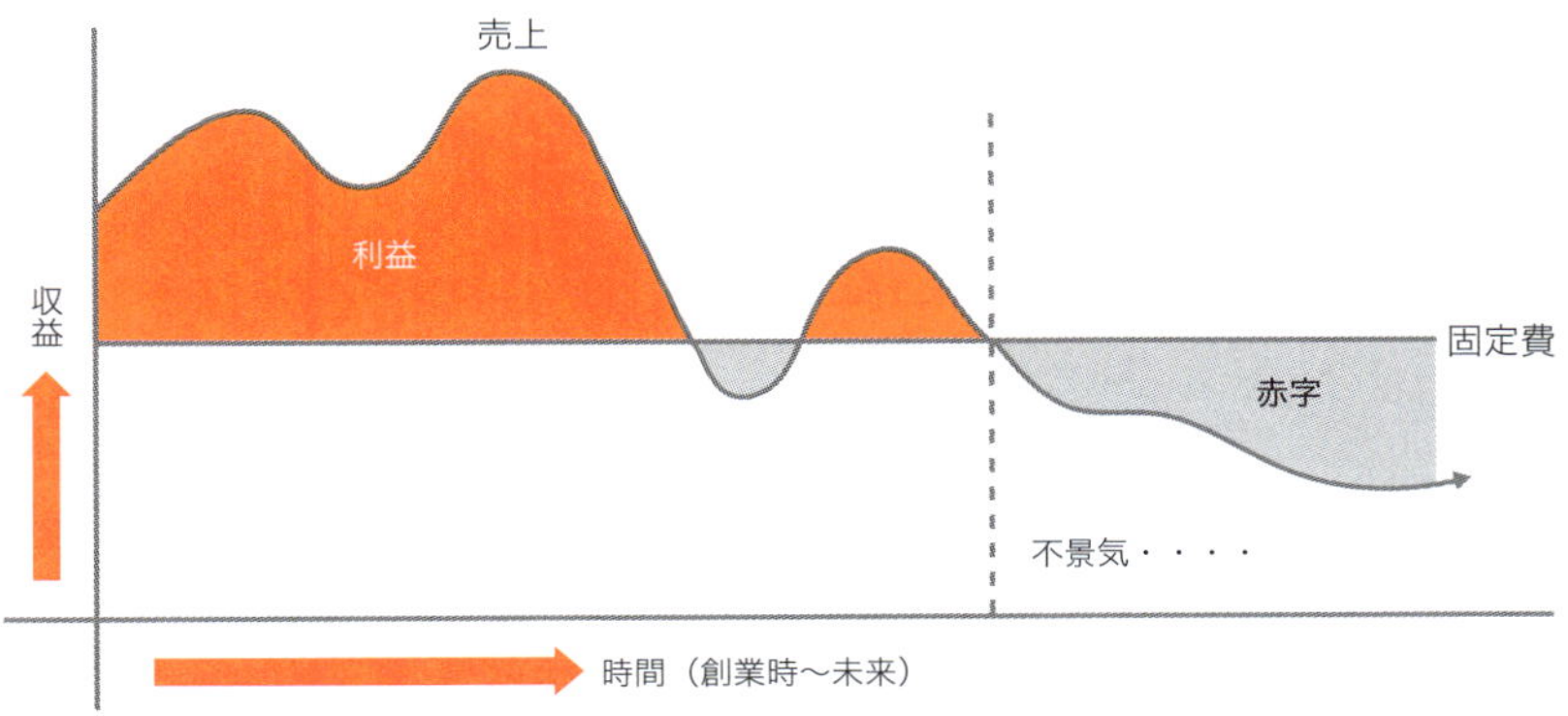

一方、ストック型ビジネスは、単発ではなく継続的な収益を確保していくビジネスモデルです（**図２**）。１回売り切って終わり、ではなく、一度契約したら毎月定額で料金をいただく、というわけです。

ストック型ビジネスでは基本的に、**顧客数・顧客単価・継続期間（解約率）**というわずか３つの要素の掛け算で売上の見込みを立てることができます。**継続的な収益が見込める**ため、事業計画の策定も比較的容易になってきます。安定的な収益基盤を構築するのには時間がかかるものの、一度それを実現することができれば、利益を計画的に投資へ回すことも可能となります。

たとえば、アマゾンが提供しているサブスクリプション型プログラム「Ａｍａｚｏｎプライム」はその最たるものと言えるでしょう。４９００円（税込）の年会費、もしくは５００円（税込）の月会費を払えば、配送料が無料となり、速達が可能となるほか、さまざまな動画が配信されている「プライムビデオ」を視聴することができます。プライムサービスは年々、コンテンツが拡充さ

図２　ストック型ビジネス……初期投資はあるものの、顧客の数に応じて比例的に安定収益を得られる。
（例）携帯電話・電気・ガス

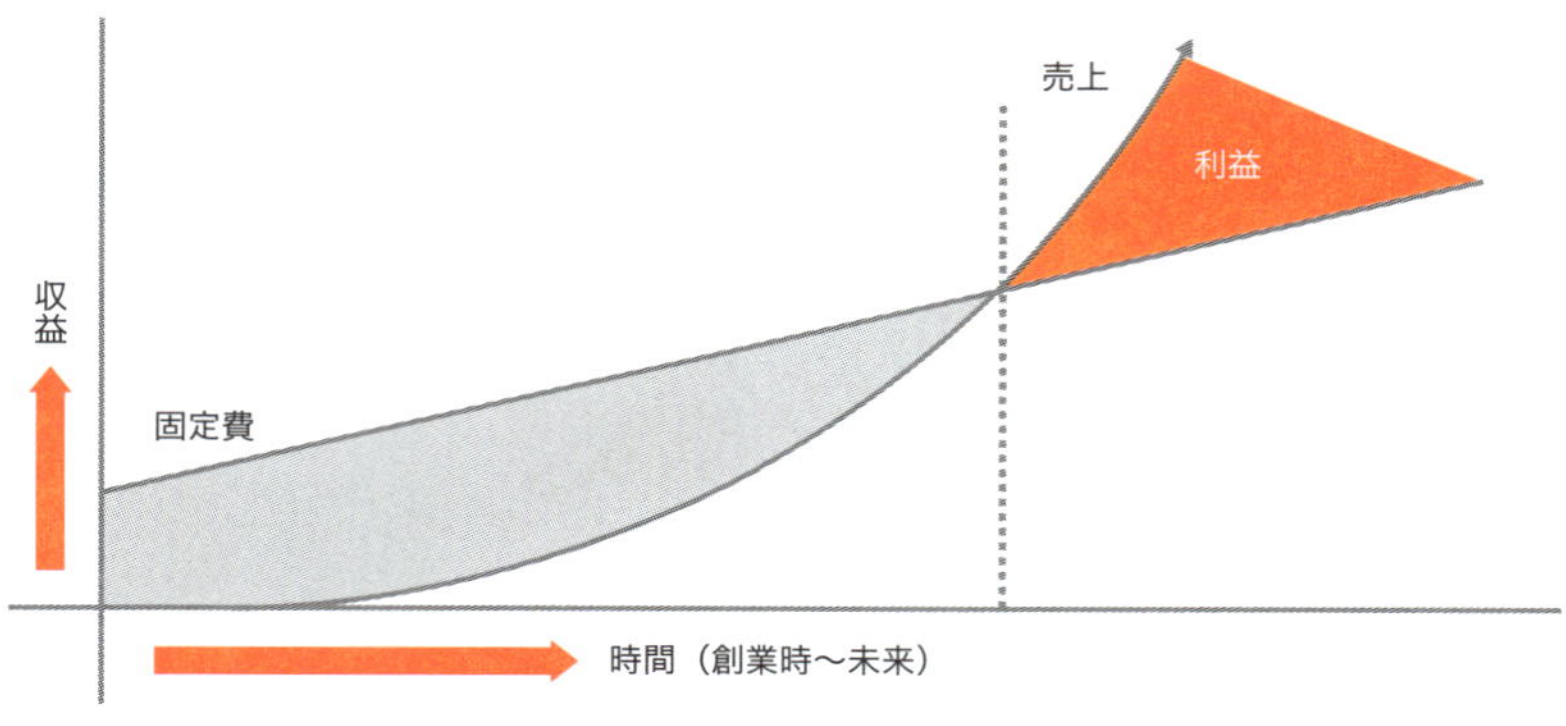

れており、音楽聴き放題の「プライムミュージック」や書籍読み放題の「プライムリーディング」などお得なサービスが提供されています。会員の支払う会費を資本に、ますます顧客満足を高めようとしているのです。

つまり、ストック型のビジネスモデルであるサブスクリプションを導入すれば、価値観や志向性が多様化した顧客のニーズに細やかに対応することができるだけでなく、企業も収益を安定的かつ継続的に上げることができるのです。そこで働く社員たちにもより多くを安定して還元できるようになるでしょう。そうして企業価値も上がれば、銀行や投資家からの評価も上がるでしょうし、資金繰りの不安も軽減され、上場を目指すこともできるかもしれません。

サブスクリプションは、**顧客・企業・社員・投資家にとって「Win-Win-Win-Win」の理想的なビジネスモデル**なのです。

サブスクリプションは決して「他人事」ではない

サブスクリプションについて、「海外発のビジネスモデルで、日本に合うのか？」「大企業のように事業規模が大きくないと無理なのでは？」「多額の資金がないとできないのでは？」などと考える人もいるかもしれません。

しかし、サブスクリプションは海外企業や大企業だけのものではありません。本書は、さまざまな業種の日本企業のサブスクリプション化を支援してきた著者が、国内の事例を踏まえて、**日本でサブスクリプションビジネスを成功させる方法**に焦点を当てています。

言葉自体は新しいもののように感じられるかもしれませんが、昔ながらの「三河屋」のような「御用聞き」や、富山の薬売りが始めた「置き薬」だって、本質的にはサブスクリプションです。郵便局などでよく販売されている、各地の物産や名産品が毎月届く「頒布会」や、喫茶店の「コーヒーチケット」も、エステサロンやマッサージ店の「回数券」も、実はサブスクリプションの一種です。

つまり、企業や個人事業主の事業規模や事業領域、課題や方向性に合わせて、それぞれに適したビジネスモデルでサブスクリプションを取り入れることは可能なのです。

そして、サブスクリプションを取り入れる効果は、あなたが想像しているよりもずっと大きなものになる可能性があります。

２０１９年2月、日本レコード協会は、２０１８年第４四半期（10月～12月）の音楽配信売上実績で、ストリーミング配信の売上高が初めてダウンロード販売を上回ったことを発表しました（**図３**）。ストリーミングの年間売上高３４９億円のうち９割近い３１０億円はサブスクリプションによるものです。徐々に減少していた音楽配信売上高は２０１４年を境に増加に転じています。サブスクリプションが牽引する形でV字回復しているのです。

フロー型のビジネスを続け、たとえば実店舗で一日中、今か今かとお客様を待ちながら「今日は天気が悪く、あまりお客様が来てくれなかった」「今日はわりと

図３　音楽配信売上高の推移（出典：一般社団法人日本レコード協会）

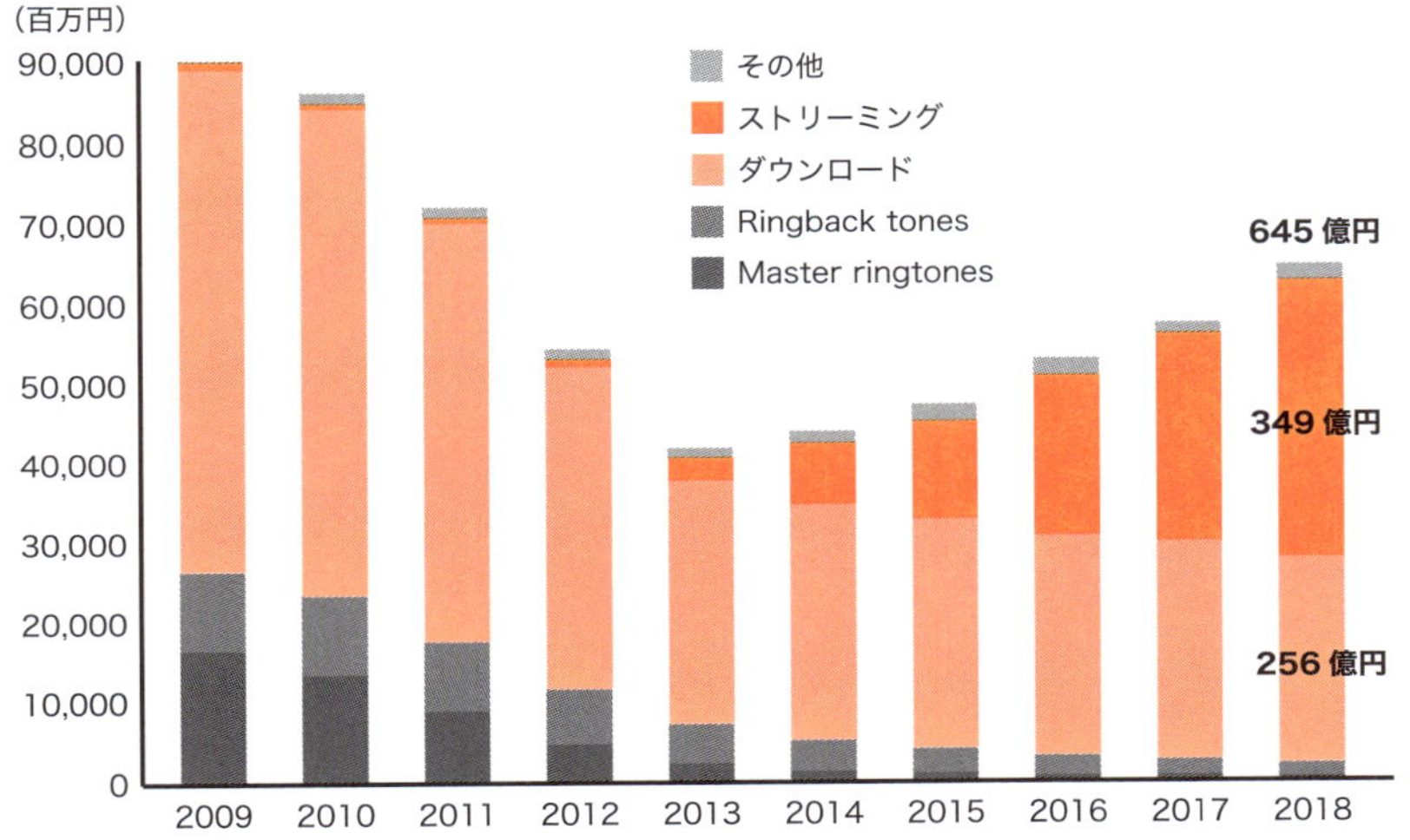

買ってもらった」「仕入れすぎて在庫が余ってしまった」と一喜一憂するのか。それとも、ストック型のサブスクリプションビジネスに転換し、計画的に仕入れや生産を行い、一定数のお客様に毎月商品を届け、「今月も見通しどおりの売上が上がった」と安堵するのか。まったく同じ収益を上げられるとしたら、あなたはどちらを選びますか？　どちらも意味のある経済活動には違いありませんが、自分自身がかける時間や労力を考えれば、後者を選びたいと思うのが、ごく自然な感情なのではないでしょうか。

筆者の体験

なぜ、私がここまでサブスクリプションビジネスを声を大にして広めようとしているのか。それは、会社を起業した当時の試行錯誤が原体験にあるからです。

私はもともとフリーランスのシステムエンジニアとして働いていました。

お客様の悩みや要望を伺い、それを反映したシステムをオーダーメードで設計し、完成したものを納品して、「便利になった」と喜んでもらう――。ものづくりが好きだった私にとって、それは天職だと感じていました。

お客様が他のお客様を紹介してくださり、さらにまた他のお客様を……と、少しずつお客様が増えていくにつれ、仕事もどんどんふくれあがり、一人ではとても追いつかなくなってきました。そこで「テモナ」という自分の会社を起業したのです。

けれども従業員が少しずつ増え、5人ほどになったとき、ふと自分が以前と同じサイクルに入っていることに気づきました。仕事がどんどん増えて、それに対応するために人を採用したら、さらに仕事が増えていく。忙しさは増す一方で、手が回らず納期の遅れも出てしまう。単発の受注に依存しているため売上が安定せず、にもかかわらず人員が増えて固定費の負担は増していく。事業のリスクがどんどん高まっていくのです。

もっと継続的かつ安定的に取引を行い、収益性を確保し、会社を拡大して、もっと多くのお客様に喜んでもらえるようにするためには、どうすればいいのか――。そう考えていた矢先に出会ったのが、あるEコマースでサービスを提供する企業でした。

ネットでサプリメントを顧客に毎月定期的に販売していたその企業は、ネットショップのリニューアルを予定しており、当社はそのシステム構築を受託開発することになりました。ネットショップでは会費を払うと1ヶ月に1回、注文したサプリメントが届くようになっていました。定期会員は200人を超えていたのですが、顧客管理業務はすべてエクセルで行われていました。

顧客ごとに定期購入の基本情報をエクセルのシートで管理していて、注文作成から同梱対応、決済/出荷処理、休止・キャンセルや変更対応などを社員がいちいちチェックして、商品発送を行っているというのです。そのため、商品拡充や細かなお客様フォロー、販売促進活動など、本来やるべき業務がおろそかとなり、それだけでなく人為的なミスが発生してしまうような状況となっていました。「これ以上会員が増えれば、とてもじゃないが管理できない。顧客管理と発送手配、在庫管理などを自動化するシステムを構築できないか」というのが、その企業からの依頼でした。

私は要望通りにネットショップのシステム構築に取り組みながら、内心、その企業が提供している「定期購入」のビジネスモデルに大きな可能性を感じていました。

サプリメントは、習慣的に摂取することに意味があるため、継続的に購入するお客様がほとんどです。いちいち注文するより、一度会員になれば、自動的に商品を送ってくれるサービスのほうが便利でしょう。しかも、都度購入するより定期購入会員のほうが安価になるのなら、お客様としても選ばない手はありません。

お客様にもメリットが多く、企業にとっても顧客と安定的な関係性を結ぶことができ、継続的に収益を得られる——。

そんなビジネスモデルを、自分たちのビジネスにも適用できないか。そうやって考えたのが、ネットショップの定期購入用システムをプラットフォーム化し、月額料金をいただいてサービスを利用してもらうこと。それが、２０１０年からはじめたサブスクリプションビジネス支援事業の「たまごリピート」だったのです。２０１９年4月からは、食品、小売、サービス等、業種業態を問わず利用できる、サブスクリプションビジネスのクラウド型システム「サブスクストア」※を提供しています。

サービス開始当初から、「こんな仕組みを待っていた」「ぜひ導入したい」という企業か

※　サブスクリプションビジネスにおいて重要な販売・顧客・入金などの管理と販売促進などを一元的に管理できる。

らの声をいただき、順調に取引事業者数も増え、今では1400社を超える企業に導入していただいています。そしてテモナは2017年に東証マザーズに上場、2019年には東証一部に上場することができました。それだけ多くの企業が自社事業にサブスクリプションモデルを採用しているのです。

そして、その傾向はますます強まっています。サブスクリプションビジネス支援事業の立ち上げ当初は、サプリメントや基礎化粧品などを定期販売する事業者からの相談が大半でしたが、近年では食品や雑貨から、デジタルコンテンツやソフトウェアなど、その事業分野は多岐にわたってきています。

日本におけるサブスクリプション

サブスクリプションモデルがいち早く広がりを見せた欧米では、「そんなものまで⁉」というような商品までもが、サブスクリプションで販売されています。カミソリの替刃やプリンターのトナーのような消耗品はもちろん、医師の往診や弁護士の法律相談サービスだってあるのです。食品や書籍、アパレルなどあらゆる分野でサブスクリプションモデルが取り入れられています。

そしてテクノロジーはますます発達し、顧客の趣味嗜好や消費傾向をデータ化し、アルゴリズムで解析することによって、より顧客のニーズに対応した商品を提案してくれます。たとえば、スポティファイやアップルミュージックなどで聴いた音楽からその人好みのプレイリストが生成されたり、ネットフリックスやプライムビデオで提案されるオススメの動画を、「自分の好みにピッタリだ！」と楽しめたりするようになってきました。

そして日本でも、サブスクリプションは急速に広がりつつあります。調査によれば、動画配信や音楽配信のサブスクリプション型サービスの存在を知っている人の割合（認知率）はすでに50％を超えています。

一方で、サブスクリプション型サービスの利用経験のある人はまだまだ少なく、利用経験のない人が3割以上、さまざまなサブスクリプション型サービスの存在を知らない人も3割以上にのぼります（**図4**）。

サブスクリプションモデルを事業に取り入れる企業は年々増えてきましたが、まだまだ市場としては未成熟と言わざるを得ません。同一商品を定期販売するようなシンプルな事業モデルに留まっているものや、海外の成功事例をそっくりそのまま模倣したものの、うまくいかずに撤退を余儀なくされる事例もあるようです。当然ながら、日本と海外とでは、価値観や文化、商習慣や生活習慣も異なり、好みや特性も異なります。日本でサブスクリプションビジネスを成功させるには、日本に暮らす人々が本当に欲しいものは何なのか、「こんなサービスがあればいいのに」と望んでいるものは何なのか、徹底

図４　サブスクリプション型サービスの利用経験率［複数回答］（調査主体：マクロミル、対象：１都３県（東京都、神奈川県、千葉県、埼玉県）に住む20～69歳の男女、2018年６月）

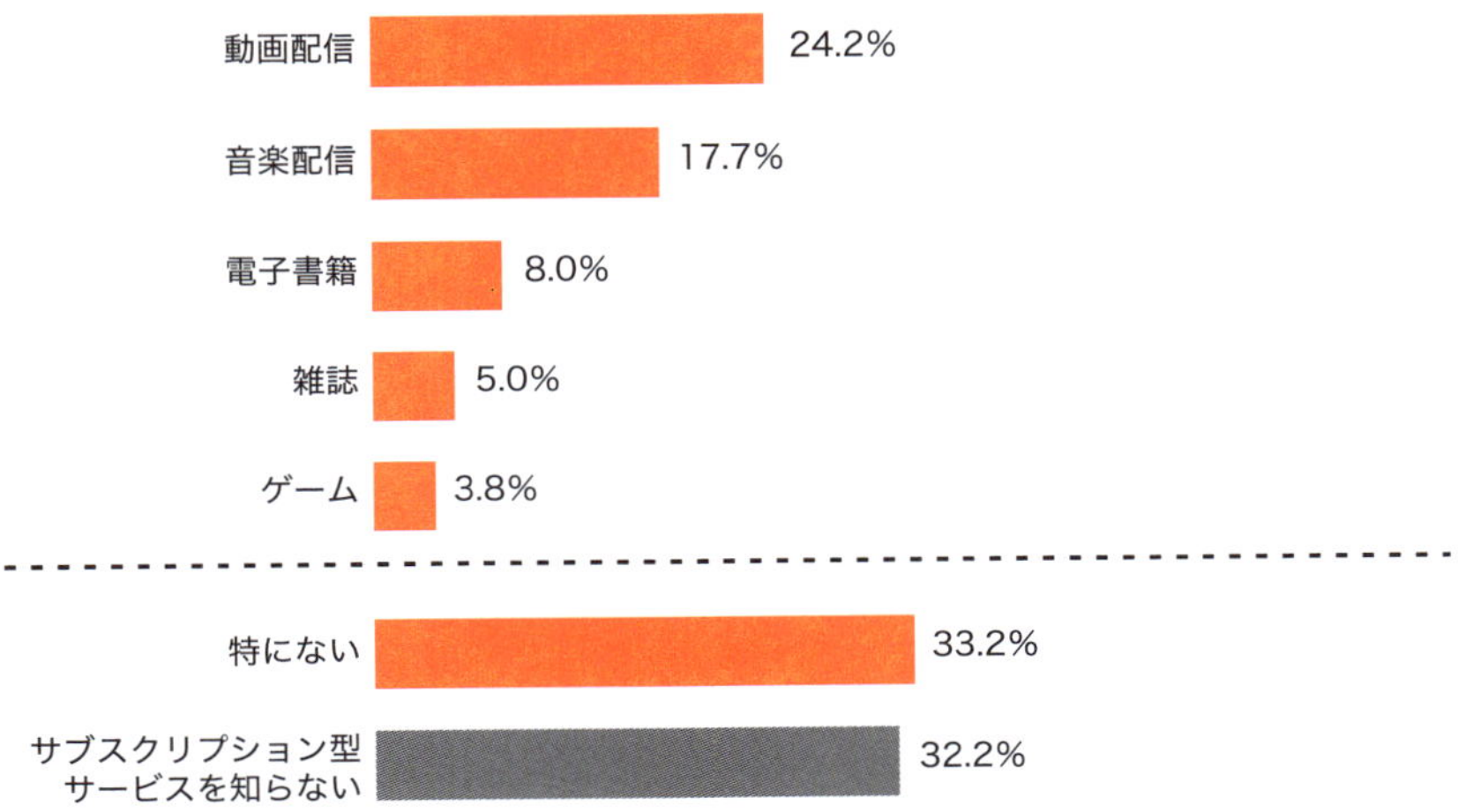

的に考え抜く必要があるのです。

私は2010年以来、1000社を超える企業と取引を行う中で、「これこそが日本におけるサブスクリプションビジネスの成功の鍵だ」と思えるノウハウを蓄積することができました。本書でそのノウハウを、できる限りわかりやすくお伝えします。この本を読むことで、一人でも多くの事業者、経営者に、移り変わりの激しい変革の時代を生き抜いてほしい。少しでも楽に事業の成功を手にしてもらいたい――。それが、私の大きな願いです。

では、さっそく次章以降から、サブスクリプションビジネスを詳しく解説していきましょう。サブスクリプションを解説した書籍には海外事例を多く紹介しているものもありますが、本書ではなるべく日本に暮らす皆さんにとって、より身近な事例を挙げながら、具体的に成功のポイントをチェックしていくことにしましょう。ビジネスモデルを設計する上で不可欠な損益分岐点の試算方法なども解説しますが、数式が苦手な方にもわかりやすくするために、できる限りシンプルな数式で説明しています。本書を読んで、「自分もサブスクリプションビジネスをはじめてみよう！」と思ってもらえたら、それに勝る幸せはありません。

CHAPTER
2

サブスクリプション 4つのモデル

サブスクリプションの4つのモデル

日本の市場に合ったサブスクリプションビジネスとは、どういったものでしょうか。それを考えるにあたって、まずは既存の事業やサービスでサブスクリプションを導入している企業事例をビジネスモデルに応じて分類し、それぞれの特性やカバーできる分野、適した商材などを解説していきましょう。

サブスクリプションビジネスは、次のような4つのモデルに分類することができます。

（1）定期購入モデル
（2）頒布会モデル
（3）会員制モデル
（4）レコメンドモデル

それぞれについて以下、詳しく見ていきましょう。

① 定期購入モデル

定期購入モデルは、毎月一定額の料金を支払っている会員に対して、**特定の商材を販売するビジネスモデル**です。

これは日本でも比較的古くからあり、多くの人にとって馴染みのあるビジネスモデルでしょう。商材は基本的に毎月同じで、習慣的に購入するようなものが適しています。たとえば、飲料水や食品、サプリメントや基礎化粧品、洗剤や歯ブラシ、オムツや粉ミルク、コンタクトレンズなど、いわゆる日用品や消耗品がそれにあたります。

雑誌や新聞の定期購読や絵本などの定期配本サービスも、このモデルに当てはまると言えるでしょう。また、各社が企業等にレンタル販売しているウォーターサーバーも、定期購入モデルをうまく利用しています。

飲料水や牛乳、米、オムツや粉ミルクなどは、スーパーで買うとかさばるため、オンラインで購入する人も多いでしょう。ブランドや銘柄をあれこれ試してみるというより、

「これ」というものを見つけたら、ずっと買い続ける人も多いのではないでしょうか。けれども、毎日のように使う日用品は、つい買い忘れてストックを切らしたり、たびたび購入するのが面倒になったりしてしまいます。そんなとき、定期的に特定の商品を購入することができれば、都度購入する手間も省け、お客様にとっても便利です。

近年、これまでは特定の販売店や出版社など、主に製造元やメーカーによって設計されていた定期購入のあり方が、インターネット等の活用によって多様化してきました。

たとえば、アマゾンジャパンが提供している「Amazon定期おトク便」は、洗剤や飲料、酒、健康食品、ペットフードや電気カミソリの洗浄剤など、多種多様な商材を定期購入することができるサービスです。また、その配送頻度や数量も「1ヶ月に1つ」「6ヶ月に3つ」などと利用者が自分で指定できます。

2002年にはじまった「Fujisan.co.jp」（富士山マガジンサービス）も、定期購入モデルによるサービスです。複数の出版社が発行するさまざまな雑誌を選んで定期購読できます。取り扱われている雑誌は1万誌以上。本屋さんには並ばないようなマイナーな雑誌を選ぶこともできるのです。

2012年にネスレ日本がはじめた「ネスカフェ アンバサダー」は、オフィスでのカフェ需要に目をつけた定期購入モデルです。コーヒーだけでなく、紅茶や抹茶などさまざまな飲み物を抽出できる専用カプセルを定期購入すれば、無料でコーヒーマシンがついてくるとあって、会員数40万人を超える人気のサービスとなっています。

また、通信販売では「単品リピート通販」と言って、品目を絞って独自商材を開発し、継続的に購入してもらうマーケティング手法が注目されています。多くの通販会社が、サプリメントや健康食品、食品、飲料、基礎化粧品などオリジナルの商品を「初回お試し価格」で販売しているのを、よく広告で見かけることでしょう。なるべく気軽に商品を試してもらい、その良さや効果を実感してもらうことで、次回以降の継続的な購入につなげようとしているのです。

ある特定の決まった商材を定期的に販売する定期購入モデルでは、顧客はより良い商品をより安く購入することができます。企業は売上の見込みを立てやすく、余剰在庫を抑えることができます。廃棄ロスを少なくすることにもつながるのです。

POINT!

定期購入モデル

【適している商材】

・サプリメント、基礎化粧品、食品、飲料、雑誌、日用品など

※日常的に利用するもの、習慣性のあるもの

【メリット】

・顧客はより良い商品をより安価に手に入れられる

・企業は在庫・売上計画を立てやすくなる

(2) 頒布会モデル

頒布会モデルは、**事業者側があらかじめコース設定を行い**、毎月一定額の料金を支払っている会員に対して、**毎回異なる商材を販売するビジネスモデル**です。

こちらも日本では比較的歴史があるため、馴染みのあるものでしょう。元々は、食器や雑貨、図鑑や料理本などのセット商品を、毎月少しずつ買い揃えられるような通信販売の手法だったものが、食材や果物、スイーツや日本酒など、数多くの種類からピックアップした商品を楽しめるようなサービスとして、広く受け入れられるようになりました。

郵便局の「ふるさと会」※や、ベルメゾン（千趣会）の「マンスリークラブ」、フェリシモの「○○の会」といった頒布会の商品を購入したことのある方もたくさんいるでしょう。

特にワインやコーヒーなど、さまざまな銘柄や品種がある嗜好品の場合、「どれを選べばいいかわからない」という顧客のニーズに対応し、ソムリエやコーヒーマイスターなど専門家が商品をセレクトしてくれるため、頒布会にはさまざまな商品を試せる楽しみが

※ 日本郵便株式会社の子会社の郵便局物販サービスが運営。旬の食材を毎月宅配するサービス

あります。

頒布会には、顧客に「新しい商品と出会う機会」を提供してくれるメリットもあります。フランス発の「My Little Box」や「RAXY」（楽天）、「BLOOMBOX」（アイスタイル）など、メイクアップコスメや基礎化粧品などの詰め合わせが毎月届くサービスは、実店舗に行かなくてもさまざまな化粧品サンプルを試せるので、忙しい人にとっては自分好みの商品を探すのにとても便利です。

商品の詰め合わせが送られてくる頒布会では、「自分好みの商品が入っていない」「当たりはずれがある」ということも起こり得ますが、そういった顧客の不安を解消しているサービスもあります。

オイシックス・ラ・大地が運営している「おいしっくすくらぶ」は、会員になると食材を定期宅配してくれるサービスで、頒布会モデルと定期購入モデルをうまく組み合わせたビジネスモデルです。旬の食材が入った「おいしいものセレクトコース」、レシピ付きの食材キットが入った「Kit Oisix献立コース」、妊娠・子育て中の方向けの「プレママ&ママコース」といったコースを選ぶと、それに応じた「定期ボックス」が毎週届けられます。定期ボックスの中身を自分好みに入れ替えたり、休止したりすることもできるため、「はずれ」や過剰に払ってしまう恐れは低減します。それに加えて「牛乳飲み放題」サービスでは、月額料金を払えば、牛乳や卵、パンやフルーツなど対象商品を1回の買い物につき3品まで注文することができます。

頒布会モデルでは、毎回異なる商材を販売することになるため、同一商品の定期購入よりは少し複雑なモデルとなります。ただ、事業者側がどの程度顧客の選択肢に幅を持たせるかにもよりますが、一般的なEコマースよりは在庫管理が容易になり、高い利益率を確保しやすくなるメリットがあります。また、顧客にとっては、さまざまな商品を楽しむことができ、新しい商品と出会う機会も得られるのです。

POINT!

頒布会モデル

【適している商材】

- **食品、飲料、化粧品、雑貨など**

※日常的に使うもの、さまざまな種類があって選ぶのが大変なもの

【メリット】

- **顧客はさまざまな商品を楽しむことができる**
- **企業は在庫・売上計画を立てやすくなる**

（3）会員制モデル

会員制モデルは、毎月一定額の料金を支払っている会員に対して、**サービスやコンテンツを利用する権利を貸与するビジネスモデル**です。

従来から、会員のみが利用できる会員制飲食店や、スポーツジム、語学学校や習いごとなど、いわゆる月謝制のビジネスモデルは数多くありましたが、近年、動画や音楽など定額制のコンテンツ配信サービスや、インターネット経由でユーザーが必要な機能を必要な分だけソフトウェアを利用できるＳａａＳ系のサービス、そして新たな形の会費制実店舗やセミナーなど、オンラインとオフライン両方のさまざまな分野で会員制モデルが導入されています。

先述したように、速達配送サービスやコンテンツ・電子書籍サービスを利用できる「Ａｍａｚｏｎプライム」（アマゾンジャパン）や、会員制スーパーの「コストコ」（コストコジャパン)、ワードやエクセルなどのソフトウェアを利用できる「Microsoft Office 365」(マイクロソフト)など、海外企業発の事例が多いのも確かですが、日本でも次々にユニークな会員制モデルのビジネスがスタートしています。

いくつか例を挙げてみましょう。

▼レンタル系・シェアリングエコノミー系のサービス

・実店舗やオンラインでDVDやブルーレイを何度も借りることができる「TSUTAYAプレミアム」(TSUTAYA)
・定額で洋服を何度も借りることができるファッションレンタルサービス「MECHAKARI(メチャカリ)」(ストライプインターナショナル)
・乗用車レンタルサービス「NOREL(ノレル)」(IDOM)

▼デジタルコンテンツの定額制サービス

・電子雑誌が読み放題の「dマガジン」(NTTドコモ)や「楽天マガジン」(楽天)
・音楽が聴き放題の「LINE MUSIC」(LINE)や「AWA」(AWA)
・ゲームタイトルが遊び放題の「PlayStation Now」(ソニー・インタラクティブエンタテインメント)

▼ＳａａＳ系のサービス

・家計管理アプリの「マネーフォワードＭＥ」（マネーフォワード）
・会計管理アプリの「freee」（ｆｒｅｅｅ）

▼実店舗での定額制サービス

・定額制のコーヒースタンド「coffee mafia」（ｆａｖｙ）
・会員制レストランの「XEX（ゼックス）」（ワイズテーブルコーポレーション）
・定額制飲み放題サービス「ONE MONTH MOWA PACK」（アンドモワ）

このように、価格帯も、無料でも十分楽しめるようなフリーミアムモデルを取り入れたものから、数万円の高価格帯のものまでさまざまです。

会員制モデルによって、顧客は金額や時間などの制約を気にすることなく「選び放題」「使い放題」といった恩恵を受けられます。また、会員になると、優先的かつ積極的にそのサービスや店舗を利用しようという心理も働くため、リピーターになりやすく、企業にとっても大きなメリットとなります。

POINT!

会員制モデル

【適している商材】

・ソフトウェア（SaaS）、デジタルコンテンツ、レンタル、実店舗（飲食店、ジム、教室、エステサロンなど）

※時間や金額などに制約が起こりがちなもの

【メリット】

・顧客はサービスを好きなだけ利用できる

・企業はリピーターを獲得しやすくなる

⑷ レコメンドモデル

レコメンドモデルは、いわゆる頒布会モデルや会員制モデルの「進化系」と言えるものでしょう。頒布会や会員制モデルをベースに、**顧客一人ひとりの嗜好や状況に合わせて、専門家が商品やサービスを提案（レコメンド）したり提供したりするビジネスモデル**です。

たとえば、「ミールタイム・栄養士おまかせ定期便」（ファンデリー）は、生活習慣病や持病などで食事制限が必要な人向けに、食事療法に対応した食事「ヘルシー食」「タンパク質調整食」や、介護の必要な人向けに咀嚼しやすい「ケア食」などを定期配送しています。献立は管理栄養士が日替わりのメニューを考案し、顧客にとってどの食事が適切なのか、専門知識のある管理栄養士が食事相談にのるなど、細やかなフォロー体制を整えています。

また近年、テクノロジーの発達によって、購買履歴や閲覧履歴などの行動データ、アンケートや診断チャートなどをもとに、顧客の嗜好や傾向をアルゴリズムによって解析することで、より一人ひとりのニーズに合わせた商品選びやサービス提案が可能となってきました。解析された結果に基づき、専門家やキュレーターがその知見を活かして、顧客にとって最適な商材やプログラムを選んでくれるのです。

「airCloset（エアークローゼット）」は、月額料金を払うと、プロのスタイリストがコーディネートした服が送られてくるファッションレンタルサービスです。顧客の嗜好を反映した「スタイルカルテ」に基づき、スタイリストがアイテムを選定。顧客は回数や期間の制限もなく、好きなだけさまざまなファッションを楽しむことができます。しかも、アイテムを返却する際に感想をフィードバックすることで、スタイルカルテや顧客情報が更新されるため、次回以降さらに精度の高いコーディネートが送られてくるようになるのです。

レコメンドモデルは、デジタルコンテンツとも相性のいいビジネスモデルです。

「ＦｉＮＣ（フィンク）」（FiNC Technologies）は、体重や歩数、睡眠などの生体情報を管理し、ＡＩによるデータ解析を行うことで、一人ひとりにあった健康や美容のアドバイスを行うヘルスケアアプリです。月額料金を払うと、トレーナーや管理栄養士などさまざまなカテゴリーの専門家からアドバイスをもらえるほか、スポーツジムやリラクゼーション施設の優待が受けられます。また、系列サービスのパーソナルジム「ＦｉＮＣ Ｆｉｔ」

では、実際にトレーナーの指導の下、アプリで管理する情報に基づいた科学的なトレーニングやダイエットを行うこともできます。オンラインとオフラインでのサービスを組み合わせて、より密接に顧客との関係性を築こうとしているのです。

このように、レコメンドモデルでは、従来のサブスクリプションモデルで起こり得る「自分好みではなかった」「効果が出なかった」といった不満を解消し、顧客一人ひとりのニーズに細かく対応することができます。そのため、ファッションやヘルスケアといった不確定要素の多い分野でも、顧客に満足してもらえるようなサービスを展開することが可能となります。

このビジネスモデルをうまく築き上げるのは、難易度の高いことではありますが、成功させれば顧客ロイヤルティ※を獲得することができ、企業にとって大きな力となることは間違いないでしょう。

※　顧客が商品・サービス、ブランドに対して感じる信頼や愛着、親近感

POINT!

レコメンドモデル

【適している商材】

- ファッション、食品、雑貨、デジタルコンテンツなど

※不確定要素が多く、顧客の嗜好や特性に左右されるもの

【メリット】

- 顧客は自分に適した商品やサービスを享受できる
- 企業は強固な顧客ロイヤルティを得ることができる

※提供するサービスに関する専門家、データ収集・分析に関するテクノロジー、顧客・専門家・商材／サービスの3つを包括的に管理できるシステムが必要となる

以上の4つが、サブスクリプションの主なビジネスモデルとなります。日本にも以前からあった事業形態もありますが、年々多様化する顧客ニーズの変化に対応するため、あるいはテクノロジーの発展によってより理想的なビジネスモデルが追求されてきた結果、サブスクリプションビジネスはこうした形で進化、浸透してきたのです。

日本と海外との違い

前章でも少し触れましたが、**日本と海外とでは、さまざまな条件が異なるため、海外のビジネスをそのまま日本に移植しようとしても、なかなかうまくいきません。**

たとえば、アメリカでは「サブスクリプションボックス」と言って、定期的に商品が届くサービスが非常に人気があります。その種類は、食品や化粧品、ファッションだけでなく、おもちゃやカミソリ刃、スナック菓子など、日本よりも多彩です。けれども、「アメリカで事業化されているもので、日本にまだ輸入されていないサービスを事業化すれば、うまくいく」というわけではありません。なぜなら、アメリカは国土も広大で、住んでいる街から商店やショッピングモールが遠く、日本よりも実店舗で買い物をするのに不便だからです。

経済産業省が2018年に発表した報告書※によると、日本のEコマース市場規模が953億ドルであるのに対し、アメリカのEコマース市場規模は4549億ドル。対前年比も日本が6・0％の伸長率に対して、アメリカは16・3％となっています。

※　2018年4月25日公表「平成29年度 我が国におけるデータ駆動型社会に係る基盤整備（電子商取引に関する市場調査）」

アメリカではEコマースの勢いに押されて各地のショッピングモールが撤退を余儀なくされ、2018年だけで3800店舗以上が閉店しているといいます。ですから、アメリカの人々はショッピングモールをぶらぶらと探索するときの「ワクワク感」やお気に入りの商品との「偶然の出会い」を求めて、あるいは、なかなか買い物に行けないときにストックを切らしてしまうことを避けるため、サブスクリプションボックスを購入しているのです。

一方、日本ではショッピングモールやコンビニが全国津々浦々にあり、都会にも百貨店やファッションビルが数多くあるため、実店舗で十分に商品を吟味することは可能です。また、自宅もそれほど広くありませんから、「いらないもの」「無駄なもの」は極力増やしたくないという意識が働きます。

そのため**日本の消費者は、ただ定期的に商品が届くだけではあまり価値を感じません**。どんな商品が届くのか、店頭で買うのと違ってどんな付加価値があるのかが、非常に重要となってくるのです。「月額料金を払えば、カミソリ刃が毎月届きますよ！」と言われても、「必要なときに近くのコンビニかドラッグストアで買えばいいよ」と思うのが、日本人の自然な購買心理なのです。

では、これからサブスクリプションビジネスを始めるとしたら、実際にどういった商品やサービスを選び、どのモデルで事業化すればいいのでしょうか。あなたの会社の既存事業をサブスクリプション化するとすれば、どのモデルが適しているのでしょうか。次章から、実践的に考えていきましょう。

CHAPTER
3

サブスクリプション
成功の鉄則

「顧客にとっての価値」とは

前章までの話から、サブスクリプションビジネスが企業と投資家にとって理想的なビジネスモデルであることはおわかりいただけたことでしょう。

ストック型のビジネスモデルに移行できれば、投資計画や生産計画がより精度の高いものとなり、商品廃棄やクレームなどのリスクも軽減され、収益構造が大きく改善されます。「いつ売れるかもわからないものを作らざるを得ない」「来月どれだけ事業投資に回せるかわからない」といった状況では、経営者として正しい判断をするのは困難です。

一方、「先月時点で会員が５００名いて、月額５０００円を支払ってくれるから、仮に今月新規会員がいなくても、最低２５０万円の売り上げは立つ」という状況ならどうでしょう。その見込みが実現できるかどうかは、どれだけその５００名の顧客に満足してもらい、会員をやめることなく、継続してもらえるかにかかってきます。そして一人でも多くの方に新しく会員になってもらうことが、事業をさらに拡大していく上での課題となります。おのずと注力すべきことが見えてくるはずです。

そう、サブスクリプションビジネスの成功に必要なのは、顧客のことを考え、その方を大切にするためには何が必要なのか……**「顧客にとっての価値」を考えること**なのです。

企業がそれを真摯に追求することによって、顧客はより優れた商品を手に入れたりサービスを利用したりすることができるようになります。それは結果として顧客満足度や顧客ロイヤルティを高めることにつながり、企業価値を高める上で大きな力となるのです。

成功の鉄則は「お得・悩み解決・便利」

顧客にとっての価値を最大化するうえで、商品やサービスに不可欠な要素が3つあります。

・O＝お得
・N＝悩み解決
・B＝便利

これら「**ONB（オンブ）**」を私はサブスクリプションの3大原則と呼んでいます。

マーケティングの分野では、「4C分析」と言って、顧客視点で商品やサービスを考える方法があります。私が提唱する「ONB」は、これよりももっとシンプルに、顧客にとっての価値やメリットを考える上で最低限不可欠な要素を3つに集約しています。それぞれについてご説明しましょう。

●O＝お得

顧客にとって、「お得」というのは普遍的な魅力です。「会員になったほうが、商品やサービスを安価に利用することができる」ということだけでも、会員になる動機としては十分なものとなります。「定額でサービスが好きなだけ利用できる」「都度購入するよりも、定期購入したほうが全体としては割安になる」など、顧客が商品やサービスに対してお得に感じられる値段設定とプログラム設計を行うことが、サブスクリプションビジネスではきわめて大切です。

実際、動画配信・音楽配信・電子書籍のサブスクリプション型サービスを利用している人を対象とした調査では、サブスクリプションを利用する理由として、動画配信では「継続的に支払うのにお手頃な金額だったから」、音楽配信では「お金を気にせず何度でも利用できるから」、電子書籍では「通常利用よりも安く済むから」と、いずれも「お得」に関する理由が上位に挙げられています（51頁**図5**）。

ただ、「安ければ安いほどいい」というわけではありません。高価格帯でも、顧客にとって価値が感じられるプログラム設計であれば、対価を払う顧客もいますし、どんな要素に価値を感じるかは、人によっても商材によっても異なります。そのため、そもそも「どんなお客様に利用してもらいたいのか」を明確にすることが重要となってきます。

N＝悩み解決

「悩み相談」がテレビ番組や書籍やカウンセリングなどさまざまな形で存在するように、人は生きている限り、大小さまざまな悩みが尽きないものです。その悩みが当人にとって深刻なものであればあるほど、それを解決すれば、大きな喜びや深い安堵、心からの満足につながります。その解決手段が商品やサービスによるものであれば、きっとその人はその商品やサービスを購入し、末永く利用し続けるでしょう。サブスクリプションビジネスは、継続して利用してもらうことが成功の鍵となるビジネスです。顧客の悩みに応えることは、お得であることと並んで重要な原則です。

対象とする悩みは、深刻なものでなくてもかまいません。日常生活の中で、ふと「面倒くさいな」「どうしてこんなことしなきゃいけないんだろう」と思うことが、誰にでもきっとあるはずです。たとえば、「長時間行列に並ばないとケーキが買えない」とか、「いつ行っても、空いている席がない」「選択肢が多すぎて、どれを選べばいいかわからない」「ダイエットしたいけど、なかなか続けられない」――。そういった悩みに対して、解決策を商品やサービスとして提示することは、顧客にとって大きな訴求力となります。

図 5　サブスクリプション型サービスを利用する理由（調査主体：マクロミル、対象：1 都 3 県（東京都、神奈川県、千葉県、埼玉県）に住む 20 ～ 69 歳の男女、2018 年 6 月）

[動画配信サービス]
対象：動画配信サービス利用者（n=192）／複数回答

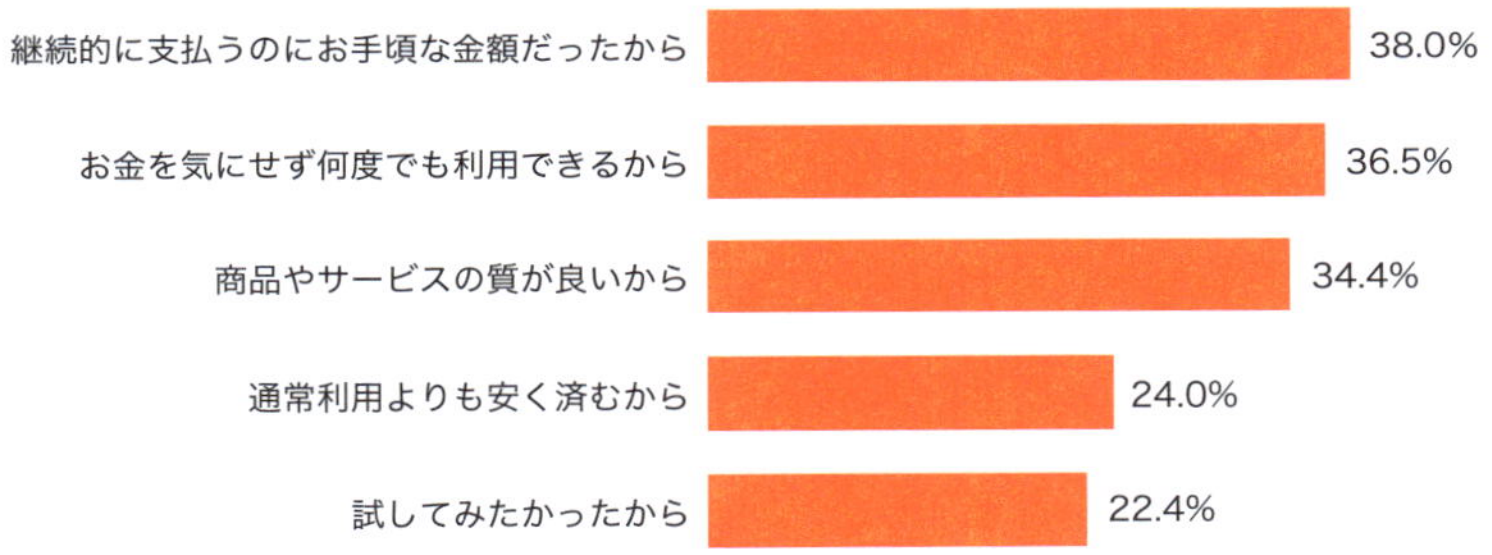

[音楽配信サービス]
対象：音楽配信サービス利用者（n=121）／複数回答

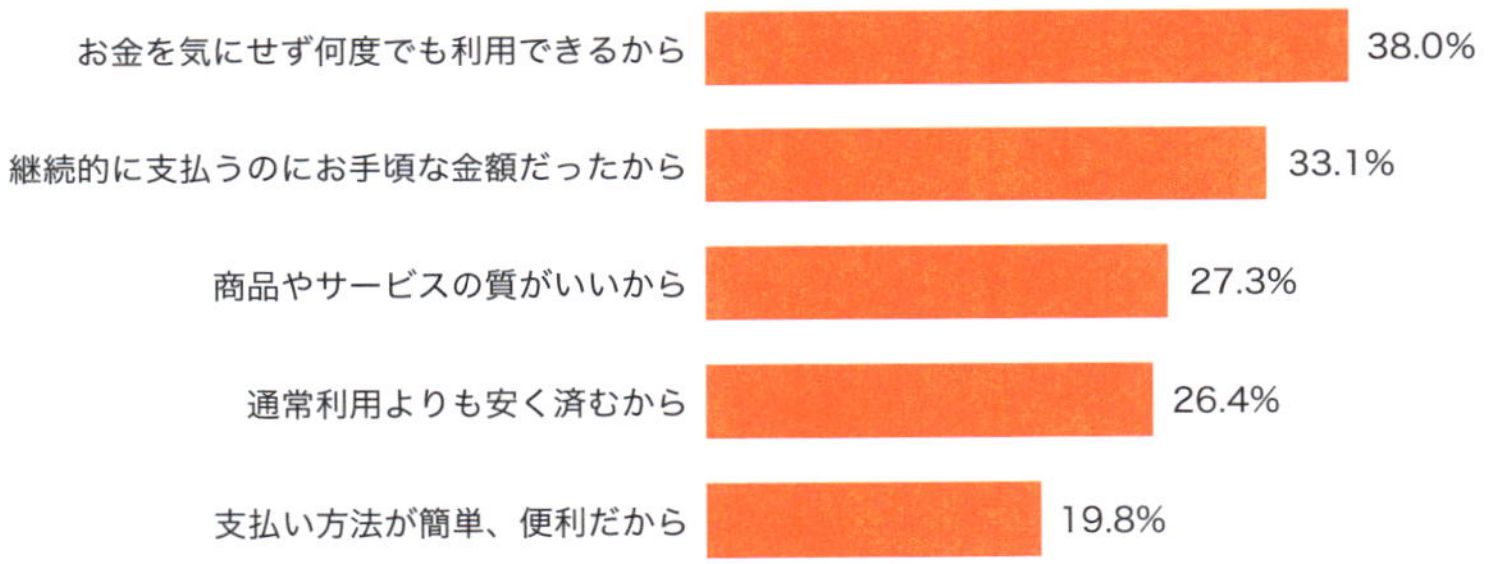

[電子書籍サービス]
対象：電子書籍サービス利用者（n=48）／複数回答

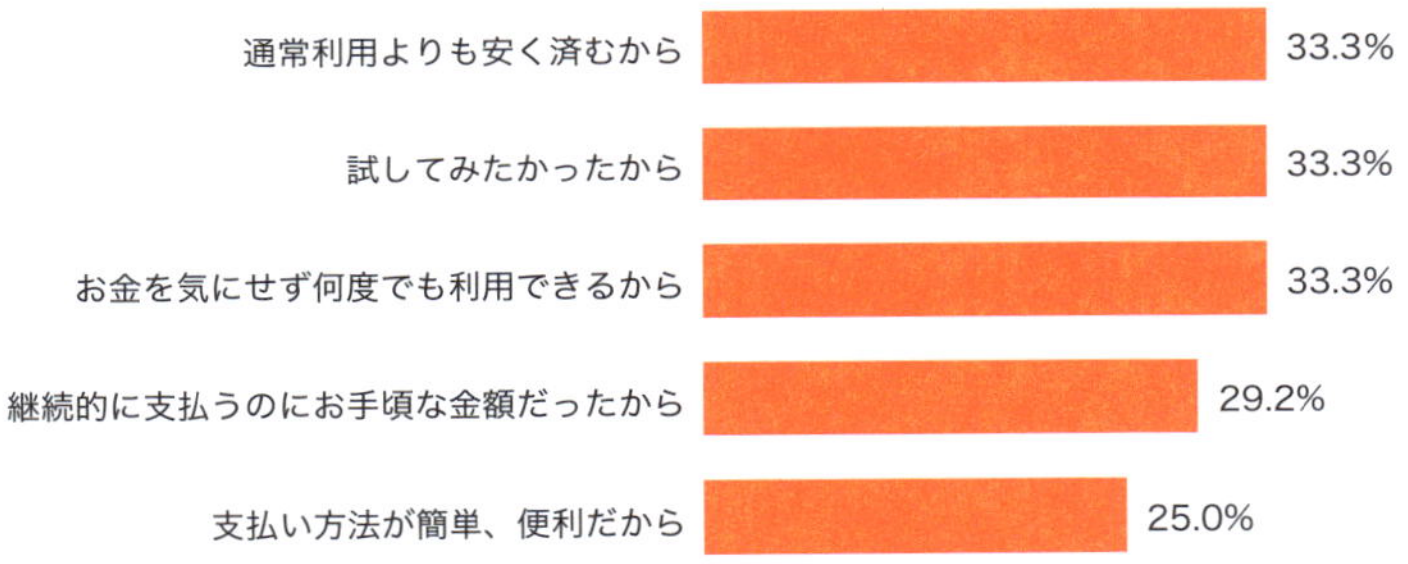

B＝便利

今や、多くのことが便利になりすぎて、何が本当に便利なのか意識せずとも、快適に過ごすことができます。そのぶん、多くの人が「不便なこと」に敏感になっていると言えるかもしれません。ほんの少し不便だと思うだけで、途端にストレスを感じてしまいますし、それはクレームにもつながります。極力、ストレスになり得る要素を排除し、顧客にとっての利便性を追求することが大切です。

「自宅に届けてくれるから重たい荷物を持たなくていい」「いちいち個人情報を入力しなくても、簡単に手続きできる」「駅や自宅のすぐ近くにある」といった、ちょっとした利便性を追求することはもちろん、「自分の好みを完璧に把握してくれる」「自分の想像を上回るような良い提案をしてくれる」など、期待以上の便利さを提供してくれるのも、顧客にとっては重要なことです。

では、顧客にとっての価値を最大化するためには、どんな「ＯＮＢ」が必要なのか。自社の商品やサービスを届けるには、前述した4つのサブスクリプションモデルのどれを選べばいいのか、手順を追って考えていきましょう。

（1）プランニング

●「VIP顧客」はどんな方なのかを考える

商品やサービス開発の鉄則は、自社の強みや弱みを見極め、市場動向や社会環境、顧客のニーズを調査したうえでターゲット設定を行うことです。自分なりの仮説を立て、それらを検証するには、SWOT分析やPEST分析などさまざまなフレームワークを活用するのが効率的でしょう。その詳細はすでにさまざまなビジネス書で語られていますから、それらに譲るとして、そもそも重要なのは、あなたの会社にとって「大切なお客様」とは、どんなお客様なのかを考えることです。

サブスクリプションビジネスの特性上、その顧客は継続的に商品やサービスにお金を払い続けてくれる、いわば「VIP顧客」となります。「顧客と長期的な関係性を築いていく」ことが前提となるビジネスモデルなのです。「何度も商品を購入してくれる」「何度も店へ足を運んでくれる」既存のお客様はもちろん、VIP顧客と呼べるでしょう。「友人・

知人を紹介してくれる」「基本プランだけでなくオプションもつけて継続してくれる」方も、もちろんそうです。

では、その方々は、商品やサービスのどういったところに魅力を感じているのでしょうか。そして、その方々に「おもてなし」や「特別扱い」をするためには、どうすればいいでしょうか。それを考えることが、そのまま商材の選定やプログラム設計のヒントになるのです。

顧客ニーズを理解するには、アンケートやモニター調査が定番の手法でしょう。既存顧客へ向けて、次のような設問を投げかけ、商品やサービスへの満足度やその理由、改善すべき点や、さらなる見込み客を探っていきましょう。

・あなたは［商品・サービス］をどうやって知りましたか。
・［商品・サービス］を購入したのは何度目ですか。
・［商品・サービス］を購入した理由はなんですか。
・［商品・サービス］を購入して嬉しかったことはなんですか。
・［商品・サービス］で気に入っている点はどんなところですか。
・［商品・サービス］で気に入らない点はどんなところですか。
・［商品・サービス］がどう改善すれば、もっと購入したいと思いますか。
・［商品・サービス］を勧めるとしたら、どんな人に勧めたいですか。

など……

アンケートなど改まった形式で調査を行わなくても、過去を振り返ってみて、お客様の期待に応えられなかったことや、想像以上に喜んでくれたことなどがきっとあるのではないでしょうか。そういった「お客様の声」と真摯に向き合うことが、顧客ニーズの掘り起こしには重要です。

（2）基本設計

商材の選定

これは聞くまでもないことかもしれませんが、あなたは自社の商品やサービスに自信を持っていますか？　本当に良い商品・サービスであると、心から思えているでしょうか。

当然ながら、顧客に自信を持って勧められるような商材でなければ、顧客には満足してもらえません。ましてや、粗悪な商品やサービスに無理やりサブスクリプションモデルを適用しても、継続的な購入にはつながりません。会社にとって本当に大切なＶＩＰ顧客なら、「利益率を優先させて、品質はそこそこでいい。お得さをアピールして、とにかく会員になってもらおう」とは、考えないはずです。

また、先述した通り、多くの人は消費することに、物質的な豊かさより体験としての楽しさや効果を求めるようになってきました。モノ消費からコト消費へと顧客ニーズが移行するにつれて、商品やサービスには、ストーリー性や代替できないような体験、原材料や製法の希少性など、付加価値が求められるようになってきたのです。

たとえば、先述したオイシックス・ラ・大地の「Ｋｉｔ Ｏｉｓｉｘ献立コース」は、レシピ付きの食材キットで、あらかじめカットされた野菜と調味料、作り方のレシピが入っているので、「たった20分で2品作れる」というコンセプトが特長です。忙しい共働き世帯にとっては、「まっすぐ家に帰っても、とりあえずレシピ通りに作れば、夕飯はなんとかなる」という安心感を提供してくれます。

また、ヘルスケアアプリの「ＦｉＮＣ」（FiNC Technologies）は、体重や歩数、睡眠、食事などの生体情報をもとに「ＡＩの専属パーソナルコーチ」が健康や美容のアドバイスを行ってくれたり、設定した目標歩数をクリアすると、買い物に使えるポイントがもらえたりするため、「運動やダイエットをはじめても、なかなか続かない」という人に対して、モチベーションをアップさせるような仕組みになっています。

このように、ＶＩＰ顧客をイメージした上で、彼らがどんな商品やサービスに価値を感じるのか。それを逆算して、どんな商材が適切なのかを考えましょう。

●サブスクリプションプログラム設計

商材が決まったら、今度は４つのサブスクリプションモデルのうち、どんな売り方がふさわしいか、考えていきましょう。先述したように、４つのサブスクリプションモデルには、それぞれ次のような商材が適しています。

▼定期購入モデル

適している商材：サプリメント、基礎化粧品、食品、飲料、雑誌、日用品など
※日常的に利用するもの、習慣性のあるもの

▼頒布会モデル

適している商材：食品、飲料、化粧品、雑貨など
※日常的に使うもの、さまざまな種類があって選ぶのが大変なもの

▼会員制モデル

適している商材：ソフトウェア（ＳａａＳ）、デジタルコンテンツ、レンタル、実店舗（飲食店、ジム、教室、エステサロンなど）、シェアリングサービス
※時間や金額などに制約が起こりがちなもの

▼レコメンドモデル

適している商材：ファッション、食品、雑貨、デジタルコンテンツなど

※不確定要素が多く、顧客の嗜好や特性に左右されるもの

モデルを選択する際、注意すべきなのは「本当に顧客が望んでいるものは何か」を、「ONB」に当てはめながら考えるということです。

ひとつ、具体例を挙げて考えてみましょう。ラーメンのチェーン店に通うお客様は、何を求めてラーメン屋さんに行くのでしょうか。おそらく多くの人が「安いから」(O)、「値段のわりにおいしくて、お腹いっぱいになるから」(N)、「注文してすぐに食事が出てくるから」(B)といった理由を挙げるでしょう。

では、ラーメンチェーン店にサブスクリプションモデルを導入するとしたら、「定期購入」「頒布会」「会員制」「レコメンド」のうち、どのモデルが最適でしょうか。

シンプルに「会員制」モデルを選択して、「月額3500円支払えば、ラーメンが10杯まで無料で食べられ、それ以降は1杯300円で食べられる」といったプログラム設計を考えてみましょう。「週に2、3回はラーメンを食べに行く」という顧客にとっては、確かに「O(お得)」というメリットがありますが、顧客への訴求を考えると、まだ少し足りないような気がしませんか?

そこで「ONB」から逆算して、O以外の要素を足してみましょう。たとえば、そのラーメン屋さんによく行列ができているなら、「会員証を持っている人は、並ばずに会員専用口から入れる」という権利を付けることが考えられます。いわゆる「ファストパス」

の機能です。とにかく早く手軽に昼食を食べたい人にとっては、とてもいいサービスかもしれません。ただ、そもそもラーメンは比較的調理時間が短いので、ほんの少し時間を短縮するだけでは、それほどメリットに感じてもらえないかもしれませんし、他のお客様から「順番を越された」とクレームが出る可能性もあります。

それなら、「会員証を持っている人には大盛りサービスする」のは、どうでしょう？ そうすれば、「安くて、お腹いっぱい食べられる」と、ONBのうち2つの要素を満たすことができます。あるいは、会員証に顧客のラーメンの好みがあらかじめ登録されていて、「いつもの」と注文するだけで「野菜増し」が出てくる、というのはどうでしょう？

このように、徹底的に顧客の望んでいることを考え、ONBと照らし合わせて、ああでもないこうでもないとプログラム設計をしてみることをおすすめします。

ケーススタディ

ではここに、いくつかのケーススタディを用意しました。あなたなら、サブスクリプションプログラムをどう設計し、どう改善しますか？

①顧客が増えないソムリエ厳選ワインの会（頒布会モデル）

業態　小売（ワインの通信販売）

課題　新規獲得と顧客数が伸び悩んでいる。

ソムリエ厳選のワインを月額1万円で、毎月1本ずつ半年間お届けするサービスです。このソムリエが選んだおいしいワインが毎月手に入るなら、ワイン好きの人にとっては嬉しいサービスに違いない、ということで始まったサービスですが、なかなか顧客数が伸びていないようです。

改善案

O（お得）

・定価を明らかにし、「月額1万円、計6万円で総額7万円分の6本のワインが手に入る」と訴求する。

・毎月1本のワインに加えて、初回特典としてもう1本ワインを進呈する。

N（悩み解決）

・「自分の好みに合うワインがわからない」という初心者をターゲットに、初回にアンケートを実施し、嗜好に合ったワインをセレクトして提案する。また、配達ごとにアンケートを取り、次回の改善に活かす。

B（便利）

・チルド便など温度管理がされた状態で配送する。
・ワインに合うようなチーズやおつまみなどを追加注文できるようにする。

改善のポイント

ワインの頒布会は、比較的以前からあるビジネスモデルですから、他社サービスと差別化を図るのが非常に難しいことは確かです。ワインをセレクトするソムリエも、よっぽど有名で世界的にも活躍する人や人気のある人、あるいはＳＮＳのフォロワーが多い人などでなければ、顧客への強い訴求にはなりません。

初回アンケートで顧客の嗜好を分析しつつ、セレクトしたワインごとに「おいしかったか／おいしくなかったか」などとフィードバックをもらい、次回以降のセレクトに活かすのはひとつの手です。「自分好みのワインを見つける」という意味では、「ＡＩ分析によって顧客の味覚嗜好に合ったワインを提案する」サービスを行っている事業者もあります（「わたしワイン」（ナック））。

そして、ただワインを送るだけではなく、「ワインのある食卓を提案する」というコンセプトで、ワインと合うようにマリアージュ（組み合わせ）されたおつまみを添えるのも、いいアイデアかもしれません。顧客にとっては、いちいち「このワインに合う食べ物」を調達しなくてもいいですし、企業にとっては客単価の向上にも寄与します。

②忙しさと常連客離れに悩む居酒屋（会員制モデル）

業態　飲食店（居酒屋）
課題　・予約対応に追われ、接客がおろそかになる。
　　　・季節や天候などによって来店客の変動が大きく、たびたびノーショウ（キャンセルの連絡もなく来店しないこと）に見舞われる。

この居酒屋は、お酒のラインアップや食事のうまさに定評があり、一見すると繁盛店で何の問題もないように思える状態です。けれども、メディアにたびたび取り上げられるなどして、予約が殺到してしまい、その対応に追われています。またしばしば「予約客が来ない」といった事態にも見舞われ、自慢の料理やサービスにも悪影響が及んでいるようです。それまで通っていた常連客が、「全然予約が取れない」と不満を抱え、だんだんと足が遠のく理由にもなっているようです。

改善案

O（お得）

・月額料金を払うと、来店ごとに1ドリンクとおつまみ1品を提供する。
・会員には代金を月間最大1万円割引にする。

N（悩み解決）

・予約席に会員優先枠を設け、非会員よりも予約を取りやすくする。

B（便利）

・会員専用の予約システム（あるいは専用回線）をつくる。
・会員専用席を設け、VIP顧客としておもてなしする。
・顔と名前をお店が覚えていて、いつも個人名で呼んでくれる。

改善のポイント

予約への対応に追われてサービスに悪影響が生じているという厄介な状況ですが、顧客の一部に会員制モデルを導入することで、店舗側のリスクを軽減することができます。

顧客にとっても「来店ごとにドリンクとおつまみサービスがある」「飲食代が安くなる」などといったメリットがあり、会員として特別扱いしてもらえることで、「何度も足を運びたい」と思ってもらえるはずです。

なお、こういった形で飲食店に会員制モデルを取り入れる場合は、単独店舗だけでなく複数店舗で行ったほうが、顧客の選択肢が増えて利便性が向上しますし、1店舗あたりの負担コストも下げることができます。

③需要の不安定さに苦しむ建設機材レンタル会社（会員制モデル）

業態　建設機材レンタル

課題　・需要に波があり、受注が安定しない。

　　　・価格競争が激しく、利益が削られている。

パワーショベルやクレーン車などの重機や枠組み足場といった建設機材を建設業者にレンタルする事業です。工事の多い時期や政府の景気対策などで公共事業が増えたときには潤いますが、需要は大きく変動するため事業が安定しません。

このような業態にもサブスクリプションは導入できるでしょうか。

改善案

O（お得）

・重機レンタルと人材派遣、保険などを一括した年間会費型のトータルパッケージで、それぞれに支払うよりも安価になる。

N（悩み解決）

・重機を操縦できる人材を一緒に派遣してもらうことで、工事現場の労働力不足を解消する。

B（便利）

・災害時や非常時などの補償も建設機材レンタル会社側で対応してもらえる。

改善のポイント

建設業界は景気に左右されやすく、また昨今の労働力不足の影響や、価格競争に巻き込まれやすい収益構造になっているため、大変難易度の高い分野と言えるでしょう。典型的な労働集約型のフロービジネスのため、ストックビジネスに転換するのは非常に難しいです。

このような場合、負の要素を逆に「事業の差別化を図るポイント」と捉え、サブスクリプション化を図り、重機レンタルだけではなく、人材派遣や保険などを一括したパッケージを提供するという施策が考えられます。

より高度な事例ではありますが、実際に産業機械メーカーのコマツは、ICT建機による自動制御とデータ解析などを組み合わせた「スマートコンストラクション」というサブスクリプションビジネスを提供しています。ICTを活用して、生産性や安全性を担保し、労働者不足に対応しているのです。

●価格設定

基本設計としてもう一つ、きわめて重要となるのが価格設定です。

価格設定を行う際は、販売価格、原価、平均継続回数、広告費、顧客数、その他経費のいずれかに仮の数値を設定し、そこから損益分岐点を下回らないように逆算して、適切な価格を設定しましょう。

試しに一つ試算してみましょう。まず、目標となる平均継続回数を設定します。定期購入モデルで、毎月1つの商品が届くようなプログラム設定の場合、一般的な平均継続回数は2・5~3回程度となっています。ですから、3回継続的に利用してもらうと仮定して、それで採算がとれるように試算してみましょう。

たとえば、販売価格を４０００円、原価を販売価格の50％（２０００円）、広告費を１００万円に設定して、その他経費が３００万円かかるとします。そうすると、顧客数１０００名を獲得すれば、２００万円の利益が確保できる計算となります（**図6**）。

事業計画を立てる上ではまず損益分岐点を確認しておきたいところです。販売価格４０００円、原価率50％、その他経費（固定費）３００万円、広告費１００万円を前提条件として試算してみると、**図7**のようになります。

この前提条件の下では、売上高８００万円を上げることが必須となります。平均３回の継続利用が見込めるならば、６６７人の顧客を獲得できればよいということになります。

けれども「顧客数を最低６６７人獲得するのは、今の段階では厳しい」「もう少し利益を確保できるように設定したい」ということでしたら、条件設定を見直す必要があります。

たとえば、販売価格を５０００円に設定してみましょう。原価は変わらず２０００円なので原価率は40％に下がります。損益分岐点は**図8**のようになります。

つまり、最低限４４４人の顧客を獲得できれば採算がとれるということになります。先の試算と比較して、販売価格４０００円で６６７人の顧客を得るのと、５０００円で４４４人の顧客を得るのと、どちらがより実現性が高いかを考えて価格設定を詰めていけばよいでしょう。

図６

売上高	１２００万円	（４０００円×１０００人×３回継続）
原価	６００万円	（売上高の５０％）
広告費	１００万円	
その他経費	３００万円	
利益	２００万円	

図７

売上高	８００万円	（４０００円×６６７人×３回）
原価	４００万円	（売上高の５０％）
広告費	１００万円	
その他経費	３００万円	
損益	０円	

図８

売上高	６６７万円	（５０００円×４４４人×３回）
原価	２６７万円	（売上高の４０％）
広告費	１００万円	
その他経費	３００万円	
損益	０円	

もう一つ、試算してみましょう。今度は広告費から算出します。

マーケティング用語に「**LTV（ライフタイムバリュー）**」というものがあります。LTVとは「**顧客生涯価値**」と言って、一人の顧客がその商品やサービスを購入しはじめてからそれが終わるまでの間に、企業にどれほどの利益をもたらすかを算出した値のことです。LTVにはいくつかの計算方法がありますが、ここではわかりやすく、売上高の累計額をLTVとして考えていきましょう。シンプルに「購買単価（販売額）×継続期間（継続回数）」で算出できます。※

たとえば、販売価格を5000円とすると、商品やサービスを1回しか購入しなかった顧客はLTVが5000円、10回購入している顧客はLTVが5万円となります。

ここで、平均継続回数を3回として、LTVが1・5万円、原価を2000円と設定すると、損益分岐点は**図9**のようになります。

つまり、顧客一人当たりの広告費＋その他経費は9000円未満にすればいいということです。では、顧客数を1000名に設定し、一人当たりの広告費＋その他経費を8000円に設定し、その内訳を広告費＝5000円、その他経費＝3000円とすると、**図10**のようになります。

この場合、広告費に500万円をかけ、LTVが1・5万円の顧客を1000名獲得すれば、100万円の利益が出る、ということです。

※　LTVを粗利の総計で考えることもあり、その場合は次の計算式となる。
LTV＝平均購買単価×粗利率×購買頻度×継続期間
また、顧客獲得や維持に必要なコストを加味すると以下のようになる。
LTV＝平均購買単価×粗利率×購買頻度×継続期間－（新規顧客獲得費用＋既存顧客維持費用）

図９

売上高	１５０００円	（販売価格×平均継続回数）
原価	６０００円	（原価×平均継続回数）
広告費・経費	９０００円	
損益	０円	

図10

売上高	１５００万円	（ＬＴＶ×顧客数）
原価	６００万円	（原価×顧客数×平均継続回数）
広告費	５００万円	
その他経費	３００万円	
損益	１００万円	

ただ、この設定では「利益が少なすぎる」と感じるかもしれません。それなら、顧客数か平均継続回数のどちらかを増やせば、おのずと利益が上がります。顧客数を大幅に増やすための施策を考えてもよいでしょうし、それが難しそうなら一人当たりの平均継続回数を増やすための施策（たとえば継続するとクーポンがもらえるなど）を考えるとよいでしょう。

このように、価格設定ができてくると、「顧客に満足してもらえるようなサービスにして、平均継続回数を上げよう」「既存顧客が２００名いるから、まずはその方へテレアポ（電話営業）やＤＭでアプローチしよう」「広告費はＭＡＸでも50万円にしておいて、廉価で出稿できるＦａｃｅｂｏｏｋ広告を活用しよう。それ以外は地道にＳＮＳで宣伝しよう」などと、次への具体的なアクションがイメージできるようになるはずです。

数字に苦手意識を持つ人も多いかもしれませんが、まずは実践あるのみ、です。計算式に自身の商品・サービスの価格や原価率などを当てはめて、試算を行ってみてください。

(3) 販売促進(マーケティング)設計

●2ステップ設計

インターネットを見ていると、さまざまな商品・サービスのバナー広告に「トライアルセット 初回限定:980円」「無料サンプルプレゼント中」といった文言をよく見かけるのではないでしょうか。

これはマーケティングの分野で「2ステップマーケティング」と呼ばれるやり方です。まずは商材を顧客に試してもらい、その良さを理解し満足してもらったうえで、サブスクリプション顧客になってもらうのです。

ここでもっとも肝心なのは、ファーストコンタクト、つまり1ステップ目の設計です。できるだけハードルを低く設定して、より多くの見込み顧客に商品やサービスを試してもらうことを目指します。

1ステップ目として考えられるのは、次のようなオファーです。

・初回限定で無料にする
・初回は大きく割引する
・無料サンプルを配布する
・初回1ヶ月は無料（もしくは安価）にする
・お試し価格の単品商品を販売する
・フリーミアムモデルで運用する
など……

では、このなかでもっとも効果的なものはどれでしょうか？
答えは、「商材やターゲットによって異なるため、一概には選べない」です。
マーケティングの成否を測る重要な指標として、「反応率（コンバージョン率）」があります。2ステップマーケティングでは、まず1ステップ目で高い反応率を実現することが鍵となります。

ここでの反応率は、ファーストコンタクトによって、お試し商品やサブスクリプションサービスへの申し込みにつながった比率のことですが、一般的なECサイトの反応率は、およそ1～2%だと言われています。そう、意外にもかなり低いのです。

反応率を上げるのにもっとも効果的なのは、もちろん「初回無料」や「フリーミアムモデル」です。申込者全員に化粧品やサプリメント、飲料のサンプルを配布したり、アプリの一部機能を無料会員にも開放して、無料でもある程度サービスを利用できるようにしたりする、といったことが考えられます。特に、デジタルコンテンツやソフトウェアといった無形商材の場合、フリーミアムモデルを採用するのが鉄則となっています。無料で試せないものに対して、事前に金額を払う顧客はほとんどいません。

一方で、食品や日用品、消耗品など有形商材は、無料サンプルを配布するより、100円でも500円でもいいから、ある程度顧客に支払っていただき、サンプルやトライアルセットを試してもらったほうが、その後の継続率が高くなることがデータからわかっています。これについてはハッキリとした理由はわからないのですが、「無料サンプル」とインターネットで検索してみると、たくさんのブログやSNSでの口コミが出てきます。サンプルでも十分に使用感はわかりますし、それを口コミすることで、ある種目的が達成されて、満足してしまうのかもしれません。

ただ、実店舗においては、無料サービスは顧客との関係性作りにとても便利です。通常の接客では、なかなか個人情報をやり取りする機会はありませんから、「よく来てくれる常連さんだけど、名前も年齢もわからない」ということはよくあります。「会員登録やSNSをフォローしてくれたら、ドリンク1杯サービス」といった形で、1ステップ目をうまく設定している店舗は、なかなかの戦略家だと言えるでしょう。特に店頭では「面倒なこと」は嫌われます。スタンプカードを作るのにいちいち個人情報を記入しないといけないのなら、「結構です」と断られるのが関の山です。2次元コードを読み込んで、空メールを送るだけで会員登録できたり、SNSでつながったりできる仕組みを整えておくのもおすすめです。

2ステップ設計では、1ステップ目の設定で損益分岐点を考慮しながら、あくまで無理のない販売促進設計を行いましょう。あまりにも大盤振る舞いし過ぎてしまうと、利益が下がるのはおろか、赤字が拡大することにもなりかねません。無料サービスをし続けて、1000名にアプローチしたのに、会員獲得はわずか3名、となれば、そもそものアプローチ方法が間違っている可能性があります。**実店舗なら10%、ネットなら3%の反応率を目指しましょう**。そして先ほどシミュレーションした価格設定の広告費に基づき、上限を決めて、つねに設計を検証しつづけていくことが重要です。

●ケーススタディ　音楽配信サービスの3ヶ月間割引セール

損益分岐点を考えた無理のない2ステップの設計について、もう少し具体的に考えてみましょう。

月額1000円の定額制の音楽配信サービスで、新規会員を対象に「3ヶ月間90%OFF」のキャンペーンを実施した場合を想定します。会員を増やすために初期の利用料を安くする、2ステップマーケティングの施策です。通常料金の10分の1ですから、ずいぶんお得感のある大胆なキャンペーンですが、これで実際に採算がとれるでしょうか。

サブスクリプションビジネスでは通常、顧客が契約した時点での損益はマイナスです。契約を継続して使い続けてもらうことで、採算は黒字化し、安定的に利益を上げられるようになっていきます。このケースでは、**図11**の収益構造になっていたと仮定しましょう。

つまり、一人あたりの広告費・経費（顧客の獲得単価）3500円を賄うために、5ヶ月間継続してもらえれば収支がトントンになり、以後は利益が出るようになります。このまま追加の費用を要さずに1年間続いたとしたら、**図12**のようになります。

では、キャンペーンで顧客を獲得した場合は

図11

売上高	5000円	（月額1000円×継続期間5ヶ月）
原価	1500円	（原価300円×継続期間5ヶ月）
広告費・経費	3500円	
損益	0円	

図12

売上高	12000円	（月額1000円×継続期間12ヶ月）
原価	3600円	（原価300円×継続期間12ヶ月）
広告費・経費	3500円	
損益	4900円	

どうなるでしょうか。利用料が10分の1になるため、3ヶ月間の売上高は300円です。原価（この場合は音楽の権利者への著作権利用料）や広告費・経費が通常と同じだとしたら、損益は**図13**のようになります。

こうなると大変で、大盤振る舞いをして失敗したように見えるかもしれません。しかし、お得なキャンペーンですから、通常よりも多くの顧客を獲得できると考えられます。そうなると顧客の獲得単価、つまり一人あたりの広告費は下がります。通常は3500円の費用をかけて1人の顧客を獲得しているところ、このキャンペーンでは通常の倍の新規会員登録があり、一人あたりの広告費・経費が1750円だったとしたら、3ヶ月時点での損益は**図14**です。

まだ大幅なマイナスですが、以後も利用が継続されるとどうなるでしょう。12ヶ月継続された場合の損益は**図15**のようになります。

こうして利益を確保できるなら、キャンペーンは一応成功ということになりそうです。しかし、3ヶ月のキャンペーンが終わった時点で解約されてしまえば大失敗。損益分岐点を超えるのは開始から7ヶ月後となっており、継続率が悪ければ赤字が続いてしまうことも考えられます。長期間の継続利用が見込めるかどうか、キャンペーンによって顧客の獲得単価をどれだけ下げられるかが成否を分けるでしょう。

2ステップマーケティングは、1ステップ目における反応率と、利用の継続率がどの程度見込めるかをよく考え、その想定に見合ったかたちで設計する必要があります。

図13

売上高	３００円	（月額１００円×継続期間３ヶ月）
原価	９００円	（原価３００円×継続期間３ヶ月）
広告費・経費	３５００円	
損失	▲４１００円	

図14

売上高	３００円	（月額１００円×継続期間３ヶ月）
原価	９００円	（原価３００円×継続期間３ヶ月）
広告費・経費	１７５０円	
損失	▲２３５０円	

図15

売上高	９３００円	（300円+月額1000円×継続期間9ヶ月）
原価	３６００円	（原価３００円×継続期間１２ヶ月）
広告費・経費	１７５０円	
損失	３９５０円	

●商品告知

サブスクリプションプログラムを設計したら、まずはその商品やサービスを知ってもらうためのアプローチを行います。

基本的なことではありますが、既存顧客にアプローチすることからはじめてみるのも大切です。その方々はすでに、商品やサービスに好感や信頼を抱いている可能性が非常に高い顧客です。「これまでご愛用いただいていた商品が、さらに便利に購入いただけるようになりました」「新たにお得なサービスが始まりました」などと、サブスクリプションプログラムをご案内しましょう。そこから、新規顧客や見込み客へと、アプローチを広げていくのです。

告知する方法は、実店舗なのかオンラインのＥコマースなのか、アプリなのか、その形態にもよりますが、次のようなものが考えられます。

・チラシ（折込／ポスティング／店頭配布）
・媒体広告（新聞、テレビ、雑誌、フリーペーパーなど）
・ＤＭ（ダイレクトメール）
・公式ウェブサイト

・メールマガジン
・SNS（Facebook、Twitter、LINE@、Instagramなど）
・インターネット広告（リスティング［検索連動型］／アフィリエイト／アドネットワーク／リターゲティングなど）

広告にはさまざまな種類がありますし、近年、インターネット広告のテクノロジーも進化して、ユーザーが検索したキーワードに連動して広告が表示される「リスティング広告」や、ブロガーなどに記事を書いてもらい、広告を掲出する「アフィリエイト広告」、一度公式サイトを訪問したユーザーに対して再度広告を掲出する「リターゲティング広告」など、複雑を極めているのも確かです。けれどもどの広告を使うにしても大切なのは、**お得、悩み解決、便利という「ONB」の3点をわかりやすく訴求すること**です。

訴求力が高いのは、金額の安さをアピールして、初回購入価格のお得さを前面に打ち出すことや、「運動不足気味」「食事が偏っている」などといったユーザーの悩みを解決するような商品やサービスの実効性をアピールすることでしょう。

あなた自身が日頃よく目にしている広告や、ポストに投函されているチラシや、普段何気なく見ているインターネットのページに改めて意識を向けて、「ついクリックしてしまうもの」「目に留まるもの」にはどういった傾向があるのか、スクラップしてみるのも参考になるかもしれません。

オンラインの広告であれば、デザインや文言を替えて複数のパターンの広告を用意し、どちらのほうがコンバージョン率が高いか、いわゆるＡＢテストを行って検証するのも有効でしょう。

どの広告方法・媒体が適しているかは業種やその特性によってさまざまです。一般的には、実店舗の場合は、チラシの店頭配布やメールマガジン、ＳＮＳによる告知。無店舗の場合は、各種インターネット広告やメールマガジン、ＳＮＳによる告知が適しています。

ただ、広告にあたっては、アピールしたいがために、つい「業界最安値」「絶対に痩せる」などと、極端な言い切りや過激な表現を使ってしまうこともあります。けれども、多くの媒体では「日本一」「最高品質」などの最上級表現を使うには根拠が求められますし、ヘルスケアやスキンケア分野では薬機法（薬事法）違反にならないような表現に留意しなければなりません。過激な表現で一時的に注目されたとしても、顧客の期待に応えることができなければ、一転してクレームにつながってしまうこともあります。

また、最近でも問題になりましたが、アフィリエイト広告の多くは成果報酬型のため、ユーザーに強く訴求しようとするあまり、場合によっては極端な表現や誇大広告になってしまう危険性もはらんでいますので、特に注意が必要です。

たびたびお伝えしている通り、サブスクリプションは「お客様と長期的な関係性を築いていく」ことが前提となるビジネスモデルです。「とにかく新規顧客の獲得を」と躍起になり、商品・サービスや企業の姿勢に対する信用を損なうようなことをしてはいけません。新規顧客獲得という目先の目標にとらわれ、サブスクリプション顧客との長期的な信頼を損なってしまっては、「焼畑農法」になってしまいます。それでは顧客からの持続的な支持は得られません。ましてや、実店舗で事業をしている場合は、悪評が立てば移転や閉店を余儀なくされることもあります。顧客と真摯に向き合い、嘘のない広告と誠実なサービスで、顧客との関係性を築いていきましょう。

後ほど詳しく語りますが、顧客と長い信頼関係を築くためには、コミュニケーション設計を行い、広告・ブランディング・SNSをバランスよく使い分けることが重要です。ですから、その入口となる商品・サービスの告知も、過剰な表現に走るのではなく、顧客にとってどんなメリットがあるのか、「ONB」に即したアピールポイントをわかりやすく伝えていくことが鉄則なのです。

（4）会員管理設計、リピート施策設計

会員管理設計

たびたび足を運ぶお店で、「そういえば、今月は誕生月ですね。おめでとうございます」と声を掛けられたり、セレクトショップでいつも対応してくれる店員さんから「このシャツなら、先日購入されたボトムスによく合いますよ」とコーディネートをアドバイスされたりすると、「特別扱い」してもらったような気がして、嬉しいものですよね。そう、大切なVIP顧客をおもてなしし、より良いサービスを提供するためには、一人ひとりの情報や嗜好をしっかりと把握し、管理することが大切なのです。

サブスクリプション顧客は、企業や店舗にとってリピートを確約し、継続的に支払うことを約束してくれている特別なお客様です。そんな方々をVIP顧客としておもてなしするために必要な仕組みを整備することが必要となってきます。

顧客に関してどんな情報を得るのかは、商材やＯＮＢとの連動性も考慮したうえで決めましょう。住所、氏名、生年月日、連絡先など基本情報はもちろんのこと、食品・飲料なら「味の好み」、ファッションなら「コーディネートの好み」といった嗜好に関する情報、ヘルスケアなら「身長・体重・体質」など生体情報も入手する必要があるでしょう。もちろん、そういった個人情報を取り扱うには、セキュリティ保護の観点から適切に管理していく必要性があります。

また、サブスクリプション顧客向けに整備するものとして、決済システム、予約システム、会員証の発行、ポイントシステムなど、さまざまなものが考えられます。やればやるほど顧客満足度や顧客ロイヤルティが高まりますが、システム整備には相応の固定費（損益分岐シミュレーションの「その他経費」項目）がかかってしまうのも確かです。

システムを本格導入する基準としては、「会員数３００名」が一つの指標となります。それまでは、顧客台帳やエクセルなど最低限の仕組みでかまいません。最近では比較的安価な顧客関係管理（ＣＲＭ）システムなども登場しています。それ以上会員数が増えるようなら、受注管理や決済、出荷、販促、分析といった業務が自動化されたサブスクリプションビジネス向けシステムなどを導入しましょう。

コミュニケーション設計（2ステップの引き上げ）

先ほど説明した通り、商品やサービスを試してもらった1ステップ目の顧客を2ステップ目に引き上げ、顧客と末永い信頼関係を築くためには、コミュニケーション設計が重要となってきます。1ステップ目でどんなにたくさんの方に商材を試してもらっても、「また購入したい」「継続的に使いたい」と思ってもらえなければ、どんなアプローチも意味がありません。

では、具体的にどんなコミュニケーションを取ればいいのでしょうか。それには、適切なタイミングと鉄則があります。

コミュニケーションはファーストコンタクトの手段で

顧客とコミュニケーションを取るのは、ファーストコンタクトの際に用いた手段が原則となります。つまり、電話なら電話、チラシならDM、ネットならメールかアプリのプッシュ通知……といった具合です。ネットで注文した商品なのに、「使い心地はいかがですか？」と直接電話がかかってきたら、あまり気分のいいものではありませんよね。注文は顧客にとって、もっとも使い勝手のいい手段によってなされているはずです。それなら、その後のコミュニケーションも、それに準じた手段で行うべきなのです。ただ、ファーストコンタクトが実店舗だった場合は、DMやメール、LINE@などを使うのが適切でしょう。

●お試し期間中のアプローチは「3回」

サンプルが手元に届いたとき、もしくはお試し登録をした瞬間から、アプローチのチャンスは始まります。お試し期間中にコミュニケーションを取るべきタイミングは、

・使いはじめ
・使っている最中
・使い終わり

の3回です。

使いはじめ

はじめにご案内すべきは、商品・サービスの便利な使い方や基本的な活用法です。お試し期間の最初からきちんと商品やサービスの有用性や効果を実感してもらうために、顧客への丁寧なガイドラインが必要です。基礎化粧品なら、適切な量や使い方、どんな効果が

あるのか、など。食品なら、基本となる作り方や応用のレシピ、保存方法などです。商品と同封する形でわかりやすい説明書を入れておくのもいいでしょう。

使っている最中

使い始めた頃に、他のユーザーの体験談や活用法、口コミの声などを共有しましょう。習慣づける秘訣やそれによって得られるメリット、「お試しいただいた80％の方にリピートいただいています」など、客観的な情報もあるとさらによいでしょう。使っているうちに生じてきた疑問や気になるところはどうすればいいのか、顧客に対して答えや解決策を提示することで、継続する決心を後押ししましょう。

使い終わり

お試し期間が終わる直前には、顧客へ改めて感謝の思いを伝えましょう。「もし気にいっていただければ、引き続きご利用くださいませ」と、一言添えるのも忘れずに。継続特典としてクーポンを付けるのも有効でしょう。また、アンケートを取ることで、顧客から商材に対するフィードバックをいただく機会を設けることも重要です。もし、顧客が引き続き購入しなかったとしても、顧客から得られる生の声は、商品やサービス、プログラム設計や広告をより良くするための重要な手がかりとなります。

越えてもらうべき「3回目の壁」

定期購入モデルの場合、一般的な平均継続回数は2・5〜3回程度と前述しましたが、この「3回目の壁」を越える顧客は全体の30％ほど。それを越えると、継続的に利用してもらえる可能性は一気に高くなります。

美容室をイメージしてみるとおわかりいただけるでしょう。3回通ったところには、髪を切られ過ぎたとか、パーマを失敗されたとか、何か気に入らないことが起こらない限りは、そこに通い続けるのではないでしょうか。

つまり、この3回目の壁を越えてもらえるかどうかが、その後の継続率に関わる重要な目安なのです。

先ほど「LTV（ライフタイムバリュー）」という言葉を説明しましたが、2回目を購入し、3回目を購入するかどうか決めかねている顧客と、11回目を購入しようとしている顧客に対して、「今回購入すると、次回購入時に使えるクーポンを差し上げます」といった販促施策を行ったとき、どちらのほうが費用対効果が高いでしょうか。答えは、前者です。後者はすでにLTVが高く、今後も継続する確率が高いでしょう。けれども前者については、今後LTVの高い顧客になるか、今回購入するかどうかにかかっていると言えます。そのため、クーポンをプレゼントし、なんとか3回目を購入してもらいたいところなのです。

このように、顧客に3回目の壁を越えてもらうために、持てる労力と施策の8割をその期間に費やすくらいの戦略を考えましょう。

●利用のサポート（継続特典）

3回目の壁を越えたとしても、まだまだ油断は禁物です。顧客が商品をあまり使わないまま余らせてしまったり、サービスをうまく活用しきれなかったりすると、早期解約のリスクは高まります。そのため、積極的に利用を促進するための施策が重要です。

効果的なのは、継続回数や利用頻度に応じて何らかの特典をつけることです。特典としては、次のようなものが考えられます。

▼会員ランク制

継続回数や利用頻度が多ければ多いほど、会員ランクが上がり、ポイント付与率や割引率が変動するような仕組みです。Eコマースサイトや携帯電話の料金プランなどでよく見られますよね。会員ランクの高いほうがポイントをたくさん貯めることができたり、お得に購入できたりするのは、商品やサービスを継続的に利用するモチベーションにつながります。

また、実店舗の場合、来店回数や利用料金などでランク分けして、上位ランク顧客限定のサービスとして、限定メニューを提供したり、VIPルームを用意したりすると、顧客は「自分は特別扱いされている」と自尊心を満たされます。そうやって顧客ロイヤルティを高めるのも一つの方法です。

▼プレゼント・クーポン

誕生日（誕生月）や記念日などに特別なプレゼントやクーポンを用意するのも重要です。今やさまざまなショップやサービスから当たり前のようにそういったものが届きますから、それほど特別には感じられないものかもしれません。けれども、もしあなたがおつきあいしているパートナーに、誕生日プレゼントを贈らなかったら、どう思われるでしょうか？きっと「もう自分のことなんてどうでもいいんだ」と失望され、「浮気リスク」にもなりかねませんよね。それは、顧客であっても同じことです。

関係性を築いていく上で、信頼を壊したり蔑ろにしてしまったりすることは、できる限り避けたいことです。節目節目はしっかり押さえつつ、顧客にとってどんなことが嬉しいことなのかを想像してコミュニケーションを図りましょう。たとえば、実店舗の場合、「今日で10回目のご来店ですね。ありがとうございます」と言われてプレゼントをもらったら、どんなささやかなものでも嬉しく感じませんか？　そんなちょっとしたサプライズ感を演出するのも、効果的なはずです。

▼顧客サポート

商材にもよりますが、たとえばサプリメントやヘルスケアサービスなど、継続すること自体がその効果や実感を左右するものの場合、継続できなくなった段階で解約されるリスクがあります。そういった商材には、モチベーションを維持する仕掛けが欠かせません。

前述のヘルスケアアプリ「ＦｉＮＣ」では、歩数や運動ごとにポイントが貯まったり、動画で「頑張ったね」と褒めてもらえたりしますし、勉強アプリの「スタディサプリ」（リクルートマーケティングパートナーズ）は、チャットなどによるコーチングで、ユーザーがより効率的に勉強に取り組めるようサポートを行っています。そういった細やかな顧客サポートが、継続にもつながるのです。

(5) 定点観測と改善

●重要数値の把握

(1)~(4)のプランニングから、基本設計、販売促進(マーケティング)設計、会員管理設計とリピート施策設計と運用を進めてきましたが、これら一連のプロセスを実行すれば完了というわけではありません。

サブスクリプションビジネスでは、既存顧客と継続的な関係性を構築しながら、新規顧客を獲得していく必要があります。そのためには、(1)~(4)の一連のプロセスを定点観測しながら改善し続けることが重要となってくるのです。

各プロセスを観測する上で、注視すべきなのは次の3点です。

①反応率
②引き上げ率

③継続率と解約率

▼①反応率（コンバージョン率）

反応率とは前述の通り、ファーストコンタクトを経て、1ステップ目のお試し商品やサブスクリプションサービスへの申し込みにつながった比率のこと。この数値が低ければ、プログラム設計や販売促進設計においてしっかりと「お得（O）」「悩み解決（N）」「便利（B）」の3点が訴求できていなかったということです。この数値が上がらないことには、新規顧客を増やすことはできません。実店舗なら10％、ネットなら3％の反応率を目指すことが目標となります。

▼②引き上げ率

引き上げ率とは、2ステップマーケティングにおいて、1ステップ目のお試し商品やサブスクリプションサービスから、2ステップ目の本購入につながった比率のことです。1ステップ目で十分に商品やサービスに満足し、コミュニケーション設計でも、顧客に対して適切なご案内やアドバイス、フォローを行うことで、顧客が継続的に利用する価値を感じることができたかどうかがポイントとなります。目標値としては20～30％を目指しましょう。

▼③継続率と解約率

継続率とは、ある月のサブスクリプション商品やサービスを購入している顧客が、翌月以降どれくらい継続しているかを表した比率のことです。当然、この数値が１００％に近ければ近いほど、プログラム設計や販売促進設計、コミュニケーション設計が適切で、顧客に満足いただいていることになります。

継続率を保つ上で重要なのは、解約率（前月から比較して解約した顧客の割合）をできるだけ低く抑えること。そのためには後述する「休止のご案内」で、一時的にサービスの休止を促す方法もあります。

①～③の反応率、引き上げ率、継続率と解約率は、（1）～（4）のプランニング、基本設計、販売促進（マーケティング）設計、会員管理設計とリピート施策設計でどのような設定や施策を行うかによって変動します。その都度、どんな施策がどう作用したのか検証を行い、反応率、引き上げ率、継続率を伸ばし、解約率を低く抑えることを目指します。

その際、徹底的に考える必要があるのは、これまでに複数回購入してくれたＶＩＰ顧客はどんな方なのか、その方は何に悩み、どうすればそれを解決できるのか、いまの商品やサービスは、事業者本位になっていないか、ということです。あくまで顧客本位で、彼らはどうしたら喜んでくれるのかを考えること。徹底的に顧客にとってのＯ（お得）・Ｎ（悩み解決）・Ｂ（便利）を考え抜き、顧客からの声に耳をかたむけることが重要なのです。

損益分岐点の把握

一連のプロセスを進め、①～③の反応率、引き上げ率、継続率と解約率が算出された結果、実際の顧客数と平均継続回数が導き出されます。平均継続回数は、まだはじめて1ヶ月や2ヶ月でも**図16**の公式で求めることができます。

では、改めて価格設定のときに用いた式にあてはめて考えてみましょう。サブスクリプション商品の販売を開始して1ヶ月で、**図17**のような結果となりました。

もともと平均継続回数3回、顧客数444名を目標にしていましたが、それぞれ平均継続回数2回、顧客数200名と目標を下回りました。この場合、これまでに見てきたステップ（2）～（4）のどこかに問題があったと考えられます。

目標の条件設定に問題がないとすれば、次に取るべき行動は、

・反応率を高める施策……広告でABテストを行い、反応の良かったほうを採用する
・引き上げ率を高める施策……1ステップ目で会員登録したものの、2ステップ目に進まなかった顧客からフィードバックをもらう
・継続率を高める・解約率を下げる施策……継続利用に特典をつける

図16

$$\text{平均継続回数} = \frac{1}{(1 - \text{継続率})}$$

といったことが考えられますが、それ以前の価格設定や、大本のプログラム設計に問題があることも考えられます。それぞれのステップを見直して原因を考え、改善を図っていく必要があります。

数値には、必ず根拠があります。そしてその根拠は、実際に仮説を立てて、計画、実行して、検証しなければ得られません。（２）〜（４）のプロセスが成功するまで、ＰＤＣＡサイクルを回し、改善し続けましょう。どれくらいＰＤＣＡサイクルを回せばいいのか。その答えは誰にもわかりません。「リーンスタートアップ」という言葉もあるように、最初は投資額も最低限で、小ロットで商品を作り、テストケースからはじめてみるのもいいでしょう。とにかく顧客からフィードバックをもらいつづけることで、少しずつ精度は上がってきます。次に述べるノウハウやテクニックを参考にして、①〜③の改善を目指しましょう。

図 17

売上高	２００万円	（５０００円×２００人×２回）
原価	８０万円	（売上高の４０％）
広告費	１００万円	
その他経費	３００万円	
損失	▲２８０万円	

●改善のノウハウ、テクニック

ここまでで一通りサブスクリプションビジネスをはじめるにあたって、重要なポイントを挙げてきました。ここからは、サブスクリプションビジネスをさらに成功へと導くノウハウやテクニックを伝授しましょう。

紹介プログラム

消費者庁が発表した『平成29年 消費者白書』（２０１７年）によると、「商品やサービスを検討するときにクチコミを参考にする」と答えた人の割合は、20代で71・４％に上るほか、15歳～40代の各年代ですべて55％を超えているといいます。それだけ、多くの人が商品・サービスの購入者や利用者の声を参考にしているのです。

いまや、商品やサービスを試したり購入したりした人の口コミが、ほかの見込み客の意思決定を左右するといっても過言ではないかもしれません。もちろん、ポジティブな意見だけでなくネガティブな意見も出てくる可能性はあります。となれば当然、できる限り多くの方に満足してもらえる商品やサービスを目指す以外にありません。そして顧客に満足してもらい、「ほかの人にも勧めたい」という気持ちを、ネットでもリアルな場でも表明してもらえるような仕組みを用意すれば、広告以上にインパクトのあるアプローチになる可能性があります。それが、「紹介プログラム」なのです。

SNSやブログでよく、「このサービスを使うなら、クーポンコード『〇〇〇〇』を使ってください。20％割引で利用できますよ！」といった文言を見たことがあるのではないでしょうか。これが、Eコマースやネットサービスの多くが導入している紹介プログラムです。

紹介プログラムは、何もネットだけの仕組みではありません。よく美容院でもらうクーポンに「友人を紹介すると、友人はもちろん、本人も20％割引になる」ものがありますよね。それとまったく同じ仕組みです。友人は「友だちが勧めてくれたから、きっといいお店だ」とお店のサービスに信頼を抱きますし、勧めた本人にとっても、お得にサービスを利用できるメリットがあります。

紹介プログラムは、広告などの販売促進費をかけることなく、クーポン割引分のみの負担で新規顧客を獲得できるため、事業者側にも大きなメリットがある仕組みです。積極的に導入しましょう。

自動引き落とし（自動更新）

これは、サブスクリプションならではの仕組みですが、会員登録されたクレジットカードや口座振替を決済方法にしておくことで、自動的に継続決済することが可能になります。そもそもサブスクリプションが普及してきた一因として、「いちいち同じものを買うのが面倒」「都度支払いだと、うっかり手続きを忘れてしまう」といった顧客心理があります。

そのため、毎月コンビニ払いや口座振込、代引きなどで支払いを依頼するよりも、自動引き落としや自動更新のほうが約1・5倍は継続率が上がる傾向にあるのです。携帯電話料金やソフトウェアの利用料金などは、まさにこの仕組みを利用しています。

ただ、これには気をつけるべきことが2点あります。それは、契約の際にしっかり「自動引き落とし・自動更新されます」と念押ししておくことと、商品やサービスの利用を積極的に促すようなコミュニケーション設計を行うことです。

あなたにも、クレジットカードの明細を見て、ふと「そういえば、このシステムをしばらく使ってないのに、利用料金がずっと引き落とされていたな」とガッカリしたことがあるのではないでしょうか。普段、ほとんどメールやDMが届かず、コミュニケーションがなされていないのに、「お金だけ取られていた」という印象を持たせるのは、クレームにもつながるだけでなく、企業やブランドのイメージを毀損しかねません。

自動引き落としや自動更新は、あくまで「利便性を高める決済方法」として、顧客自らの意志で決めてもらうこと。そして継続的にコミュニケーションを図り、商品やサービスを積極的に利用してもらうこと。この2点を両軸で運用することで、大きく継続率の向上と収益化に貢献してくれるはずです。

解約理由と休止

「解約率を低く抑えること」が重要だと前述しましたが、とはいえ、人のライフスタイルは変わるものですし、どんなに長く契約が続いたとしても、それが未来永劫ということはありえません。いつかは必ず解約するときが来ます。

この際、よく見受けられるのが、「解約の方法がわかりにくい」「解約しようと電話したけど、のらりくらりとかわされて、やめられなかった」といった声です。笑い話のようなものですが、親御さんが健在なのにもかかわらず、ご子息やお嬢様からお電話で「ウチの母は亡くなりました。この頒布会は解約させてください」と言って解約を申し出る方もいるらしいのです。「そこまでしないと、やめさせてくれない」というのも、おかしな話ですよね。

事業者としては、解約は「顧客を失うこと」ですから、できる限り避けたいのも心情的にはわかります。けれども解約方法をわかりにくくしたり、解約させないように仕向けたりするようでは、それこそ「焼畑農法」で、信頼を損なってしまいます。

顧客から「解約したい」という意向を伺ったときは、まずはご利用いただいたことに感謝の思いを伝えましょう。そして、「もし差し支えないようでしたら、理由をお教えいただけませんか」と、解約理由を聞き出してください。この際、「商品が余っているから」「しばらく家を空けるから」など、物理的な理由を挙げるようなら、「休止のご案内」をしてみましょう。商品の配送やサービスの提供を一時休止すれば、顧客の解約理由に対応することができます。そして、3ヶ月に1回程度、定期的にアプローチして、いつでも再開できるようにしておけば、顧客との関係性を途切れさせずに済みます。

ネットで解約を受け付ける場合には、解約理由を設問で選択してもらった上で、休止のご案内もできるようなフローチャートを用意しておくといいでしょう。

休止のご案内をしてもやはり、解約されるということでしたら、改めて感謝の意を伝え、今後の改善に活かせるように意見を丁寧にヒアリングしましょう。

たとえるなら、別れを決めたパートナーに対して、「これからもっといい人になりたいから、何か不満があったこと、こうしてほしかったと思うことを聞かせてもらえないかな？」と聞くようなものですが、そこで得られる意見はまさに「宝の山」です。一度は商品やサービスに好感を持ってもらえたからこそ、「もっとこうしてほしい」「こういうところが気になった」という建設的な意見も出てくるはずです。真摯に受け止め、分析し、（２）～（４）のプロセスの改善に活かしましょう。そうすることで必ず次につながるチャンスとなります。

広告の活用

（２）～（４）の基本設計、販売促進（マーケティング）設計、会員管理設計、リピート施策設計のプロセスを進め、ＰＤＣＡサイクルを回して、①～③の反応率、引き上げ率、継続率と解約率が安定してくれば、その利益をさらに投資へ回して、「ブースト」をかけましょう。具体的には、人材や商品開発に投資して顧客満足のさらなる獲得を目指したり、広告に投資して新規顧客獲得につなげたりすることが考えられます。

ここで留意しておきたいのは、前述の「ＬＴＶ」という考え方です。サブスクリプションビジネスにおいて新規顧客を獲得することは、フロービジネスで顧客を獲得するよりもＬＴＶの高い顧客を獲得することになる、ということです。

たとえば、販売価格を５０００円、原価２０００円として、商品やサービスを１回しか購入しなかった顧客のＬＴＶが５０００円、４回購入している顧客のＬＴＶが２万円だとしましょう。ＬＴＶから原価を差し引いた残りの金額（粗利）が、広告等に使えるお金の上限ということになりますので、前者は一人当たり広告費＋その他経費に３０００円しか使えないのに対して、後者は１・２万円使える計算になります。つまり、サブスクリプションビジネスはフロービジネスよりも多くの投資が理論上可能となるのです。

経営者や事業責任者にとって、これまでよりも大きい金額を投資するという意思決定を行うことは、非常に勇気のいることでしょう。けれどもその投資は、既存顧客の満足度をさらに高め、新規顧客にとって優れた商品やサービスと出会う機会となり、より多くの方に喜んでいただくことにつながるのです。そうやって会社の収益が増えれば、そこで働く社員やスタッフにも還元することができます。

サブスクリプションビジネスにおいて、ある程度「勝ち筋」を見つけることができたら、損益分岐点を考慮しながら上限を決めて、積極的に投資する――。それこそが、企業にとっての、また顧客にとっての大きな価値につながるのです。

CHAPTER 4

成長企業はどのように実践しているのか

ここまで、サブスクリプションビジネスの基本的な考え方を解説してきましたが、ご自身の事業のリアルな状況の中で、サブスクリプションビジネスをどのように導入し、成功へとつなげていけばいいのか、まだイメージできていない方もいるかもしれません。

サブスクリプションビジネスは商材や事業領域、顧客の属性やニーズによって、その勝ちパターンやノウハウ、戦略も少しずつ変わってきます。そう、やはり「実践あるのみ」なのです。

ここからは、事業にサブスクリプションモデルを導入し、成長を果たした企業を列挙し、その実例に学んでいきましょう。業種・業態とビジネスモデルの異なる以下5つの企業の事例をご紹介します。

・富士山マガジンサービス（雑誌／定期購入型）
・ＭＥＪ（サプリメント／定期購入型）
・エアークローゼット（ファッションレンタル／レコメンド型）
・ネオキャリア（人事労務管理システム／会費制型）
・大嶌屋（食品／頒布会型）

CASE 1

富士山マガジンサービス
古い業界にサブスクリプションで新たなプラットフォームを築く

株式会社富士山マガジンサービス
設立：２００２年７月
本社：東京都渋谷区
資本金：２億５６１９・８万円（２０１７年12月末現在）
従業員数：55名（２０１７年12月末現在）

株式会社富士山マガジンサービスは、雑誌のオンライン書店「Fujisan.co.jp」を運営している２００２年設立の会社。１万誌以上を取り揃える雑誌専門の定期購読サービスをEコマースサイトで提供するほか、出版社向けに定期購読に関する業務の請負やコンサルティングなども行っています。日本電信電話株式会社や株式会社ネットエイジグループ（現ユナイテッド株式会社）、アマゾンジャパン株式会社（現合同会社）を経て、会社を設立した西野伸一郎代表取締役社長CEOに話を伺いました。

――事業をはじめた経緯は？

私は、アマゾン・ジャパンのジェネラルマネージャーとして、日本のアマゾンをゼロから立ち上げました。そこでの経験、特にアマゾンを社内から覗いて驚いたことの一つに、圧倒的なコンバージョン率の高さがあります。当時、通常のDMなどでは0・1%とか0・0X%とかが当たり前な中、100名におすすめ商品のメールを送れば、10名20名が購入するようなこともある世界。それはひとえに、ユーザー属性や趣味嗜好をターゲティングできているからこそ可能となっている数値です。

日本ではつい最近まで書籍よりも雑誌の市場規模が大きく、「アマゾンで雑誌を取り扱わないのか」という声も多かったのですが、単価も安く、「情報の鮮度が重視される」という商品特性から、当時は取扱いを見送っていました（※現在は最新号などを中心に一部取り扱い）。

けれども雑誌について調べていくと、非常に興味深い世界があることに気づきました。『月刊住職』や『月刊むし』『月刊養豚界』など、ある特定分野の専門家や業種の方しか買わないような、コアなテーマの雑誌が数多くあるのです。それらは書店でもあまり取り扱われていないため、定期購読している読者が多いのです。

そのとき、私の頭に思い浮かんだのは、かつてアメリカで暮らしていた時に知ったあるビジネスでした。アメリカではサブスクリプションエージェンシーといって、出版社が発行する雑誌の定期購読関連業務を代行する業者が数多くありました。これを日本の市場にアレンジしてビジネスが出来ないかと考えました。また、アメリカでは、定期購読を中心としたこの雑誌ビジネスを「リスト・ビジネス」とも呼び、ある特定の属性を持った定期購読者リストに対して、その人たちを見込み客としてアプローチをかけるビジネスをしていたのです。たとえば、ガーデニングの雑誌を定期購読している人たちに対して、ガーデニングやＤＩＹツール、ＲＶ車など彼らが興味を持ちそうな広告を送付し、セールスをかけるのです。日本でもそのビジネスを応用して、定期購読者には割引やプレゼントなど特典を提供したうえで、１ｔｏ１マーケティングができるような仕組みを考えました。

定期購読者は、雑誌を自ら読みたいと継続的に買ってくれる、いわば「ロイヤルカスタマー（優良顧客）」です。けれども出版業界にはさまざまな取り決めがあり、発売日より前に届けてはいけなかったり、自由に割引をしてはいけなかったりと制約があり、顧客に不便を強いることが多くありました。しかも、書店では実際「どんな人が購入しているか」がわかりませんし、返本率も約４割と非常に高いのです。Ｅコマースなら、返本率もほぼゼロに

Fujisan.co.jp

なり、顧客属性を明らかにできること、サブスクリプションビジネスで継続的に収益を得られることにメリットがあると各出版社に呼びかけ、契約を広げてきました。

──事業の柱は？

最も大きな部分を占めるのは、やはり定期購読関連業務です。私たちは「日本初のサブスクリプションエージェンシー」と称し、定期購読の良さを広めることをミッションにしてきました。それまでは、出版社が個別に定期購読を受け付けていたのを、私たちが介在することで、読者、出版社、法人それぞれにメリットをもたらすことができるのです。

読者は、書店だけでは見つからない1万誌を超えるさまざまな雑誌から自分の読みたいものを選ぶことができ、決済や問い合わせなど情報管理を一元化できます。割引やプレゼント特典もありますし、送料も無料。ライフスタイルに合わせて購入形態（紙／電子雑誌）や支払方法（一括／月額）も選べますし、コンビニ払いやクレジットカード決済、口座振替など支払手段も選べます。

出版社は、顧客情報の管理や発送、カスタマーサービスなど、定期購読に関連する業務をアウトソーシングすることでコストを抑えられます。そして既存顧客の属性やニーズをリサーチしたり、これまでアプローチできていなかった新たな顧客層にマーケティングを行うこともできます。たとえば、「定期購読特典プレゼント特集」として、重点的にメルマガなどで登録会員に訴求したり、定期購読者向けのイベントを運営したり、出版社単独ではできなかったことができるようなサポートをしています。また、読者をリスト化することで、関連書籍やムックのクロスセル（おすすめ書籍の販売促進）を行うこともできますし、同梱広告やメルマガを送ることもできるのです。実際、そういったサービスを「バリューチェーンサポート」と称し、７００誌ほどの定期購読関連業務をすべて私たちが代行しています。

法人は、たとえば診療所や美容院、支店など複数の拠点がある場合、それぞれの拠点で雑誌を購入するのは非効率的で、事務処理も煩雑です。そんなとき、当社経由で雑誌を定期購読すれば、雑誌によって発売日がバラバラでも、請求書で一括精算することもできますし、支払先を1つにまとめることで、コストを削減することができます。自由に雑誌を選んでいただいてもいいですし、「予算○円で、20~40代女性向けに何か雑誌を見繕ってくれないか」といったご要望にお応えすることもできます。

また、新たな試みとしては、「MagaCommerce（マガコマース）」といって、定期購読者向けにオリジナル商品やコラボ商品などを販売するEコマースサイトを運営しています。実際、『週刊ゴルフダイジェスト』と共同運営しているサイトでは、誌面で紹介した商品やアイテムを取り揃えています。ゆくゆくはマーチャンダイジング（商品企画）機能なども提供し、出版社にとって、雑誌に留まらず、顧客のＬＴＶ（ライフタイムバリュー）を高めていくサポートを行っていきたいと考えています。

――売上や顧客数はどういった状況でしょうか？

現在、登録会員数は約280万人で、そのうち定期購読中の会員が約60万人です。その内訳は個人の方が8割、法人の方が2割で、売上比率は個人：法人＝7：3となっています。ご存知の通り、昨今は出版不況と言われていますが、おかげさまで当社の売り上げはずっと右肩上がりで、2018年12月期の連結決算で売上高は34・6億円です。それはひとえに、サブスクリプションビジネスだからこそ着実に実績として積み上げられているのだと思います。

――出版不況もさることながら、最近では「dマガジン」など「電子雑誌読み放題」のサービスも増えています。競合に対しての対抗策は？

実は、私たちは電子雑誌読み放題サービスを競合とは考えておらず、共存できるものだと考えているのです。当社もデジタル版雑誌を約3000誌取り扱っていますし、「auブックパス」や「FODマガジン」「U-NEXT」など提携事業者への取次販売も行っています。出版社は当社にデジタル版をPDF納品してもらえれば、各社に納品することができるのです。

――顧客向け施策としてどのようなことに取り組んでいますか？

当社のサービスに価値を感じてもらえるためには、やはりなるべく顧客にさまざまな選択肢をご用意する、ということが一番だと考えています。取扱雑誌の品揃えもそうですし、支払方法もそうです。定期購読の場合、通常は年間購読費を一括払いしてもらうことが一般的ですが、2011年から月額払いを導入し、顧客満足を高めることができました。やはり顧客にとってニーズのあることだったのだと思います。さまざまな顧客とやり取りしていてわかるのは、人によってベストな支払方法や継続頻度は異なるということ。ですから、できる限り多様な手段をご用意することが顧客満足を高めることにつながると考えています。一見、年間契約は事業者にとって魅力的ですが、月間契約にすることでその分顧客との接点が増え、サービスや顧客満足度が向上したことは大きな発見でした。

また、定期購読特典のプレゼントはやはり雑誌によってはかなり効果を上げているところもありますよね。広告を掲載しているクライアントの商材をパッケージすることで、新たなモニター獲得手段として訴求することもできる。読者のニーズをリサーチすることで、どんなものが好まれるのか、年々改善しているところもあります。

――顧客の継続率を上げるために取り組んでいることは？

もっとも効果的なのは、顧客に自動更新を選択していただくことです。自動更新は、あくまでも顧客の手間を取らせないためのサービスという位置づけですが、やはり自動更新を選択している／していないで継続率は大きく違います。更新時期しか手続きのご案内を差し上げない状況では、継続率は低くなってしまいますから、メルマガなどで継続的にご案内をしていくことは基本です。また、これは読者層にもよるのですが、更新時期にお電話一つ差し上げるだけでも継続率が上がるというデータもあります。それこそ、さまざまな施策をトライ・アンド・エラーでＡＢテストしてみて、この案内よりもこの案内のほうが反応が良かった、こっちのほうが好評だったと、一つひとつ……本当に地道な努力なんだけど、こつこつと積み上げてきている、という感じです。そのデータの蓄積があって今、継続率は70％あたりを推移しています。

それと、月額払いというのも顧客からしてみれば、「更新時期のない定期購読」ということなんです。出版社にとっては一括払いのほうが喜ばれますが、顧客にとっては「いつでも好きなときにやめられる」ほうが便利ですから。それも、顧客の選択肢を増やすということです。そして、私たちとしてもマーケティングの手段が広がったんです。一括払いだけの場合、「年間購読費の○％オフ」といった割引しかできませんが、月額払いなら、「初回3号無料」「初回3号までは50％オフ、4号以降は10％オフ」など、柔軟に割引特典がつけられます。もちろん、それ以降の継続率を上げる施策も同時並行で進めなければいけませんが。その結果、新規顧客のコンバージョン（反応）率が上がり、トータルで売上を伸ばすことができたのです。

――今後の展望は？

私たちとしては、これから大きく業界変動が起こる中でも、しっかりと読者、出版社、法人それぞれの顧客にとっての価値を提供していけたら、というところですね。そもそもサブスクリプションという言葉自体、私たちが日本で事業をはじめたときにはまったく浸透していなかったけど、ここ数年、サブスクリプション業界が大きく成長し、さまざまなカテゴリーの事業が広がってきました。やはり、これからどんどん新しいものが生まれてくると思うのです。「サブスクリプションをはじめよう」というより、さまざまなビジネスの可能性を追求していった結果、「あ、これもサブスクリプションだね」となるような。それが、ある意味業界の成熟というか、より良いサブスクリプションビジネスのあり方として定まってくるのだと思います。そしてそこにはイノベーションが生まれるだろうし、できればそれを自分たちでも作っていきたいですね。

成功のポイント・解説

富士山マガジンサービスの事業モデルは、以前から存在していた「雑誌の定期購読」をベースに、インターネットを介したEコマースプラットフォームを作ることで、顧客・出版社・法人の利便性やコスト削減を追求したもの。企業と顧客にとって、より良い商取引や販売促進をサポートする「ＢｔｏＣ」「ＢｔｏＢ」ビジネスの王道と言えるでしょう。そこに、サブスクリプションの「**定期購入モデル**」を適用しています。

中でも注目すべきなのは、「顧客・法人向けに定期購読雑誌を販売する」ビジネスだけでなく、「出版社の定期購読関連業務を一手に請け負う」ビジネスを事業の柱に置いていること。雑誌は出版社が価格を決めており、商材の特性上、なかなか客単価を上げることができませんが、顧客情報管理や発送、カスタマーサービスなどの定期購読関連業務は、自ら価格を設定することが可能です。そこで、定期購読雑誌の販売で得られるマージンだけではなく、別の角度から収益を確保しているのです。

また、昨今の紙媒体の販売不振に対して手をこまねくのではなく、いち早く雑誌のデジタル化に着手、2007年にデジタル雑誌の販売サービスを開始し、各電子雑誌読み放題サービスに対してデジタルデータの取次販売を行っていることも見逃せません。

雑誌は各出版社が発行しているものですから、商材のクオリティや内容は出版社に準拠することになります。そのため、富士山マガジンサービスは徹底的に顧客・企業・法人の利便性を追求し、「取扱雑誌を増やす」「決済方法や更新頻度を多様化する」など、とにかく「選択肢を増やす」ことで顧客満足度を高めています。

月額払いの「初回3号までは50%オフ、4号以降は10%オフ」といった訴求方法は、2ステップマーケティングの応用と言えるでしょう。新規会員獲得の反応率を高める効果的な手段です。このとき起こりがちなのは、「50%オフ期間を過ぎるとすぐに解約されてしまう」といったことですが、最低契約期間を設定しておくことで、ある一定の収益を確保することも可能です。

そのほか、「地道な努力」という言葉もありましたが、さまざまな施策を試し、PDCAを回すことでしか得られないノウハウがあります。広告やサイト上の反応率を見るだけでなく、顧客が何を望んでいるのか、カスタマーサービスで実際の声に耳を傾けることも重要です。

最後に、「お得（O）」「悩み解決（N）」「便利（B）」に当てはめてみましょう。

お得（O）

・「〇％オフ」「初回3号無料」など、お得に雑誌を定期購読できる（顧客・法人）
・煩雑な定期購読関連業務を安価でアウトソーシングできる（出版社）

悩み解決（N）

・複数の雑誌を定期購読すると、申し込みや振込先、問い合わせ先がバラバラになるのを解決してくれる（顧客・法人）
・どの雑誌を選べばいいかわからないとき、予算内でリスト提案してくれる（法人）
・定期購読関連業務が煩雑で、カスタマーサービスに追われてしまうのを代行してくれる（出版社）
・書店では返品率の高い雑誌を、ほぼ返品率ゼロで読者に購入してもらえる（出版社）

便利（B）

- 雑誌の発売日に直接、指定先に配送してくれる（顧客・法人）
- 定期購読していても、好きなときにやめることができる（顧客）
- 自動更新してくれる（顧客・法人）
- 複数の雑誌を購入しても、請求書を一つにまとめてくれる（法人）
- 顧客への新たな販売チャネルを構築できる（出版社）
- 顧客の属性やニーズをマーケティングできる（出版社）

CASE 2

MEJ
徹底した顧客志向と分析で成長するヘルスケア通販

株式会社MEJ
設立：2008年11月
本社：東京都港区
資本金：4350万円（2018年12月末現在）
従業員数：15名（2018年12月末現在）

ヘルスケアDtoC（ダイレクトトゥカスタマー）事業を展開する株式会社MEJは、エイジングケアブランド「AGEST」を立ち上げ、アンチエイジングを目的としたサプリメントを販売しており、AGESTは2011年の登場以来人気を集め、会員数を伸ばし続けています。「Eコマース事業は全くの未経験だった」というMEJの古賀徹代表取締役社長に、立ち上げ期から現在に至るまでの話を伺いました。

――事業をはじめた経緯は？

当社はもともとインターネットのマーケティング会社としてスタートして、広告代理店事業を行っていました。そして、楽天やアマゾンの登場により爆発的に成長するEコマース業界では、直接お客様に販売できるＤｔｏＣでの流通革命が起こると確信していました。Ｅコマース事業に参入するにあたって、どのカテゴリーがよいのかいろいろと検討していました。私自身としては、これからの高齢化社会で必ず日本の課題になるであろう「ヘルスケア」をテーマにしたいと考えたのです。そこで、商材を何にするか検討していたのですが、やはり「毎日の習慣に取り入れられるもの」が良いのではないかと考え、サプリメントを主体としたエイジングケアブランドを立ち上げることにしたのです。

そして、サプリメントを販売している競合他社を調べてみると、長年販売実績を上げている企業はだいたい「リピート通販」というサブスクリプションモデルを取り入れていました。それで当社もサブスクリプションモデルを軸に事業を組み立てていくことにしたのです。

商品開発にあたっては、さまざまなサプリメントの企画開発を手がけてきたパートナー企業と共同で行い、顧客一人当たりの購入合計高（ライフタイムバリュー：ＬＴＶ）を設定し、定期購入していただくことを想定したうえで、原材料や容量、パッケージや梱包材、原価や販売価格など、プロダクトの付加価値を最大限に高める努力をしました。２０１１年９月に現在販売している「AGEST INNER BEAUTY SUPPLEMENT」を発売しました。

――アプローチする既存顧客はいたのですか？

いいえ、まったくいませんでしたが、我々の強みであるインターネットマーケティングを最大限に活用して、一から新規会員獲得を目指しました。まずは自社製品の広告を発注し、ヤフーやグーグルのリスティング広告などに出稿して、少しずつ新規顧客を獲得していったのですが、正直なところ、最初の1年間はなかなか思うような実績は得られず赤字が続きました。月にたった100名ほどのお客様にしか購入いただけず……本当に厳しかったです。でも、まったくの未経験でEコマースをはじめたので、仕方ない部分もあったんですよね。宅配業者からもらった袋でそのまま梱包して、「箱が潰れていました」というクレームをいただいたり、オフィスのプリンターで同梱ツールを一枚一枚印刷したり。それを二人くらいでやっていましたから、「このままじゃ追いつかないぞ」と青くなっていました。

でも、半年くらいそれを続けていると、延べ販売実績が数百個くらいになってきて、客単価が約1万円なので、ある程度利益の見通しが立つようになって

MEJ のエイジングケアブランド「AGEST」

きたんです。そしてLTVも4万〜5万円ほどになってきたので、「逆算してみれば、LTVの3割程度は広告費にかけられるな」と考えられるようになりました。それまでは「1万円の商品を販売するのに2万円広告費かけるなんてあり得ない」という感覚だったのが、やっとサブスクリプションモデルにおける投資回収の方法論が、自分の中でも腑に落ちたんですね。

それからは、商品発送やカスタマーサポートなどをアウトソーシングして運営体制を整えていって、月商500万円ほどになってきたので、その資金をもとにさらにアクセルを踏み込もう、と広告費を投入して……そうやってうまく回るようになるまでに1年はかかりました。ある意味、その1年間が良い準備期間になりましたね。

――現在の事業の柱は？

ヘルスケアDtoC事業を主力事業として、「キレイを終わらせない」をコンセプトにしたエイジングケアブランド「AGEST（エイジスト）」を販売しています。サプリメントのほか、美容液などの化粧品も販売していますが、やはり主力商品はサプリメントです。購入方法は単品の「通常購入」と「定期コース」の2種類ありますが、約95％は定期コースを選択されています。延べ50万個以上もご購入いただき、現在の会員数はおよそ7万人規模となっています。

——顧客向け施策としてどのようなことに取り組んでいますか？

まだまだこれから、という部分が大きいのですが、基本的にはアンケートに基づいたPDCAサイクルの遂行は継続的に行っています。購入のきっかけ、購入に至ったお悩み、ご不明点、ご要望などを伺うことで少しずつ顧客のインサイトが見えてくるので、「お客様にはこんな悩みが多いから、キャッチコピーはこうしよう」「購入完了後のフォローにはこういった案内を入れよう」などと、一つひとつしっかりと対応してきた形です。

また、2~3年に一度は商品リニューアルを行い、お客様の声をもとにサプリメントの成分を増やしたり、パッケージを変えたり、つねに改善し続けることを念頭に置いています。

——顧客の継続率を上げるために取り組んでいることは？

これは逆説的なのですが、解約理由から紐解くとわかってくるのです。解約理由のトップ3が「余っている」「効果を実感できない」「他にもっと良い商品を見つけた」から、というもの。それをいかになくしていくかが、私たちにできるアプローチです。

「余っている」なら、そうならないように日々のコミュニケーションを取る必要があります。毎日摂取していただけるようにメルマガを送ったり、それでも余ってしまうようなら、スキップ（休止）をご案内したりします。

「効果を実感できない」「他にもっと良い商品を見つけた」というのは、どれだけお客様に満足いただける商品を提供できるか、ということですよね。まずはサプリメントなので、長く続けていただかなくてはなかなか効果を実感できませんし、当社としては、他社商品よりもご満足いただけるような商品を開発していくよう取り組んでいます。

私たちは、初回購入から何日目が追加購買率が高いのか、解約するのはいつが多いのか、基本的にデータからすべて逆算して、DMやメールを送って、「何日目にこういうアナウンスを送ろう」「コールセンターではこんなフォローをしましょう」というふうにコミュニケーション設計を行っています。そうやって、顧客満足を高めるような取り組みを日々実践しています。

――新規顧客の反応率を高めるための取り組みは？

実は、これまではあまり積極的に2ステップマーケティングは行ってこなかったのです。CPO（コスト・パー・オーダー：注文1件あたりにかかる費用）も高いですし、会社としてもそれに耐え得る資金を貯える必要がありました。地道に1ステップマーケティングを続けて、エイジングケアに関心のある顕在層のお客様にアプローチをしてきた結果、アンチエイジングサプリとしては、ある程度の支持を得られるようにはなってきました。

ただ、これから先事業成長を目指す中では、やはり「悩みはあるけど、まだ検索など明確な行動につながっていない」ような潜在層にアプローチを図る必要があります。そのためには、バナー広告を掲出したり、無料サンプルを用意したりするなど、より多くのきっかけを作っていきたいと考えています。

――サブスクリプションビジネスを成功させる秘訣は？

まだ私たちも試行錯誤の最中ですが、事業を始めた当初から振り返ると、大きく3つのフェーズがあったように思います。

最初は、立ち上げ期。そもそもどんなカテゴリーの商材にするのかは非常に重要で、アンチエイジングなのか、ダイエットなのか、健康なのか……どれを選ぶかによってかなりLTVは変わってくると思います。年間平均購入回数が3回しかないものを5にするのは、結構難しいんですね。でも、もともと5あるものを6か7にするのは、逆に可能だと思います。ですから、既存商品でLTVの高いものを実際に購入してみて、多くの顧客の方に支持されているのは、どういった点なのか。自分なりに分析してみるといいと思います。今でも私自身、毎月のようにいろんな定期商品を購入してみて、「こういうサービスはいいな」「この箱は送料いくらだから、そこから逆算したパッケージになっているな」と、かなり細かくリサーチしています。

私たちの場合、当時はがむしゃらにやっていたところはありましたが、今思えば、もっと事前リサーチすることは可能だったと思います。今でも重点的にリサーチしているのですが、定刻で検索キーワードをチェックしたり、ヤフー知恵袋や楽天のレビュー、アットコスメの口コミなどをデータ分析したりして、たとえば「ダイエットをしたい」と考えている人がどんな対策をして、どんなものに関心があるのか、徹底的に調べています。そこから、顧客のインサイトというか「悩みのタネ」みたいなものを見つけて、商品開発に活かすんです。

そうやって商材を決めたら、実際に運用してみて、少しずつ体制を整えていくことですね。私たちは1年くらいかかりましたけど、やはりサブスクリプションビジネスの醍醐味として、アクセルを踏むフェーズが必ずあるんですよね。そこで準備ができていないと、「穴の開いたバケツに水を注ぐ」ようになってしまいます。

それから、成長期。アクセルをしっかり踏んで、広告や商品開発、カスタマーサービスに投資していくことです。私たちもまだなかなかできていない部分はありますけど、うまくいっている会社は、本当に抜かりないんです。徹底して1円、10円単位のコスト削減を行っていますし、DMやメールも効果的なものを用意している。私たちも以前、手書きDMをお送りしていたときは非常に継続率が伸びたのです。会員数1万人を超えてからはさすがに追いつかなくなって、今は行っていないのですが。やはり、私たちが行っているのはサービス業なんですよね。製品に対する思いや感謝の思いがお客様に伝わることで、しっかりと価値を感じていただけるのです。

サブスクリプションの利益を着実に積み上げ、そのビジネスモデルに甘えることなく、いかにスケールさせながらサービスの質を保っていけるかが、私たちにとっても課題だと考えています。

そして、飛躍期。これは当社がこれから差し掛かろうとしているフェーズではありますが、まずは先ほどお話しした通り、顕在層だけでなく潜在層のお客様にアプローチして、反応率を高めていくこと。それと、顕在層への再アプローチですね。これまで購買客データを地道に蓄積してきましたから、初回購入後何日目にどんな案内をして、特定のメディア経由でサイトをご覧になった方にはこんなアプローチをして、特定の年齢層の方にはどんなご案内をすべきか、というのが実績としてわかっています。これまではそれをすべてエクセルでフォローしてきましたが、今はＭＡ（マーケティングオートメーション）ツールで自動化して、しっかり根拠のあるアクションに落とし込んでいます。

また、広告に関して明確なのは、「とにかくＰＤＣＡサイクルを早く回す」こと。これに尽きますね。街頭セールスをイメージするとわかると思うのですが、１００人にセールストークをして一人にしか買ってもらえないセールスと、10人に買ってもらえるセールスなら、単純計算で後者は10倍の売上がありますよね。それなのに、前者が「なぜ売れないんだろう」と悩んだまま何も変えなければ、いっこうに売上は上がりません。２パターンのセールストークをしてみて「こっちのほうがお客様の反応が良かったから、こっちにしよう」とか、「もっとこの部分を強調しよう」と改善しようとするじゃないですか。そしてそのスピードを速くしたほうが、少しでも早く成果につながります。私たちも日々データ解析をもとに改善して、会員獲得ができるようになってきました。何か明快な「ウルトラＣ」みたいなものはないんですよ。

私たちはＰＤＣＡのスピードアップを図るために、３年ほど前から広告を内製化しました。外注でランディングページを作ろうとすると2、3ヶ月はかかるし、「ヘッダーを直してください」とお願いしても1ヶ月かかる。これからの時代のＥコマース業界は、日々検証して、日単位で改善できるような会社でないと生き残れないと考えているのです。会社によっては、広告制作から運用を代理店に任せるところも多いですが、我々は内製化に舵を切った形です。今では、広告運用も各種ツールも同梱ツールもすべて内製しています。それが、スピードにつながってくるのです。

——今後の展望は？

今の話の流れになりますが、これからコールセンターも内製化しようとしています。そもその話ですが、通販業である以上、お客様と直接お会いできないのは大きなハンデとなります。今は外部委託でお客様からのご要望やご意見をいただいていますが、エクセルシートで「こんな意見がありました」と受け取るのでは、身をもってお客様の必要とされているもの、求めているものを本当の意味で実感することができないんです。我々がこれから取り組むべき課題はやはりカスタマーサービスの向上だと考えていますので、その足がかりとして自社コールセンターを立ち上げる予定です。

また、我々としては大幅な割引販売は行わない方針です。これまでの検証で、値引きすればするほどＬＴＶが下がる結果となっています。ですから、まずはお試しサンプルを使ってもらい、納得いただいた上で定期コースにご案内する方向へ舵を切ろうと考えています。サンプルで新規顧客を獲得し、コールセンターの内製化でカスタマーサービスを強化すること。この両軸で事業をスケールしていくつもりです。

――これからサブスクリプションビジネスを始める方に一言お願いします。

サブスクリプションビジネスは、方程式を見つけることが大切です。販売価格と原価率、送料、継続率、LTV……あらゆる数値を逆算して想定して、実践して検証して、「これだ」というものを見つけることができれば、そこから大きくブレることはまずありません。ですから、まずはその方程式が見つけられるまで、トライ・アンド・エラーで試してみてください。

そして、ビジネスの基本は「お客様にサービスを提供し、価値を感じていただくこと」です。サブスクリプションという素晴らしいビジネスモデルに頼りすぎることなく、顧客と真摯に向き合うこと。それだけは忘れずにやっていただきたいと思います。

●成功のポイント・解説

MEJは異業種からEコマースに参入し、サブスクリプションによって大きく事業をスケールさせた、いわばサブスクリプションビジネスの「お手本」のような会社です。強みであるインターネットマーケティングのノウハウを活かし、自社製品の販売に応用しました。サブスクリプションモデルでは「**定期購入モデル**」にあたります。

注目すべきポイントは、「いち早くＥコマースに着目し、ヘルスケアＤｔｏＣに参入した」ということ。競合研究を行い、通販業界で長年信頼されているブランドやメーカーを分析し、習慣的に摂取するサプリメントに着目。しかも、「健康」「ダイエット」といったカテゴリーよりも比較的付加価値が付けやすい「アンチエイジング」をテーマに設定したところに、大きなアドバンテージがあったと言えるでしょう。

事業のヒントを探す際に、グーグルアナリティクスなどのアクセス解析ツールを使って月間検索キーワードをチェックしたり、Ｑ＆Ａサイトや口コミサイトを参考にしたりする、というのも、人々のインサイトをつかむのに非常に有効な手段と言えるでしょう。ただ、それだけ人々の関心が集まっている分野は、競合が集まりやすいレッドオーシャンとも言えます。そこで確かな売上を上げるために必要なのは、顧客満足を得られるような商品力やカスタマーサポートです。ＭＥＪでは、２年に一度の短いスパンで商品リニューアルを行い、常に改善を続けているほか、広告部門を内製化し、スピーディに顧客訴求力を高める体制を構築。今後、コールセンターも内製化を予定するなど、サブスクリプションで得た資金を商品やサービスに投資し、より顧客に満足してもらえるような体制作りを行っています。

古賀代表の言葉にもありましたが、「サブスクリプションビジネスに甘んじず、顧客に対して真摯に向き合い、サービスを改善し続けていく」というのは、非常に重要なことです。サブスクリプションで継続的に顧客から購入いただくようになると、ある程度資金の見通しが立ちやすくなりますから、「これだけ儲けているならいいや」と現状に満足してしまいがちです。けれども、そのお客様がいつまでも買い続けるとは限りません。5年、10年と関係性を築いていくためには、どうするべきか。既存顧客に満足してもらえるよう、商品やサービスをアップデートしながら、効果的な広告戦術で新規顧客もしっかり獲得していく――。その両軸でビジネスをドライブさせていくことが重要です。そうすれば、20億、30億の売上も夢ではないでしょう。

最後に、MEJの事業を「お得（O）」「悩み解決（N）」「便利（B）」に当てはめてみましょう。

お得（O）

・初回限定の66％オフ商品、もしくは無料サンプルで効果を実感した上で、サプリメントが通常価格よりも安価に購入できる

悩み解決（N）

・年を経るごとに気になる乾燥や小ジワなど肌の不調に対して、サプリメントで手軽に

栄養補給ができる

便利（B）

・毎日継続的に摂取するものを定期的に送ってくれる
・さまざまな栄養素や美容成分をまとめて摂取することができる
・効果的な使い方や他のユーザーの声などを活用して効果を高めることができる

CASE 3

エアークローゼット

個人の趣味嗜好やファッションのお悩みにシェアリングエコノミーで応える

株式会社エアークローゼット
設立：２０１４年７月
本社：東京都港区
資本金：11億１００１万円（２０１８年６月末現在）
従業員数：80名（２０１９年４月末現在）

株式会社エアークローゼットは２０１５年２月開始の月額制ファッションレンタルサービス「airCloset（エアークローゼット）」を運営しているスタートアップ。２０１８年下半期には、過去３決算期の収益（売上）に基づく成長率が６０４８％を記録するなど、今、大きく成長している企業です。「普段着のファッションレンタル」という、日本では馴染みのなかった事業モデルをいかに考え、どのように顧客の支持を得ているのか、天沼聰代表取締役社長兼ＣＥＯに話を伺いました。

――事業をはじめた経緯は？

私はもともとコンサルティング会社でＩＴコンサルタントとして働いていて、前職の楽天では海外拠点のグローバルマネージャーを務めていました。学生時代から一貫してテクノロジーが好きで、中でもインターネットを活用したシェアリングエコノミーの概念に共感していたのです。当社は共同創業者と3人で起業したのですが、事業を決めるにあたって、ライフスタイル支援のできる衣食住いずれかの領域で、なおかつシェアリングエコノミーの概念がうまく適合するようなビジネスモデルを、百数十個洗い出して検討する中で、「ファッションレンタルサービス」に行き着いたのです。

現代社会ではモノや情報があふれる一方、可処分時間はどんどん減っています。特に、本来ファッションに関心の高い女性の方でも、ゆっくりファッション誌を読んだりテレビを観たりする時間がなく、子育て中の方は、買い物に出かける機会が減ったり、出かけても赤ちゃんを抱っこしていて試着できなかったりして、ファッションと出会う機会やきっかけが減ってきています。そんな方々のライフスタイルに「ファッションとの出会い体験」を提供するためにはどうすればいいのか、そう考えたときに最適なのが、「ファッションレンタルサービス」と「サブスクリプション」を組み合わせた事業モデルだったのです。「ファッションレンタル」というと、どうしてもブライダルやオケージョンの貸衣装を思い浮かべる方が多いと思いますが、私たちは「普段着」に特化したサービスを提供しています。

——事業の柱は？

ファッションレンタルサービス「airCloset（エアークローゼット）」は、月額6800円（税別）で月1回、3着が借りられる「ライト」と、月額9800円（税別）で月に何回でも借りられる「レギュラー」の2つのプランを提供しており、圧倒的にレギュラーをご選択いただいています。初回に好きなテイストやご自身の体型などを「スタイルカルテ」として設定してもらい、それに基づいてコーディネートを提供しています。最近ではオプションとして、1回につき+1000円（税別）でアクセサリーを1点お付けするサービスをはじめました。取扱ブランドは300以上、洋服はすべてパーソナルスタイリストがお客様一人ひとりのためにセレクトし、気に入っていただいた場合はお買い上げいただくこともできます。会員数は現在22万人を突破し、お客様満足度も90%以上の評価をいただいています。

また、新規事業として、実店舗でパーソナルスタイリングを体験し、ファッションレンタルができる

airCloset

「airCloset×ABLE（エアークローゼットエイブル）」と、スタイリストがパーソナルスタイリングしたアイテムを購入いただけるECアプリ「p·i·c·k·s·s（ピックス）」を運営しています。

――なぜ、サブスクリプションに着目したのですか？

お客様のことを第一に考えたとき、レンタルするたびにお支払いいただき、返却期間を頭に入れなくてはならない、というのは、利便性やUX（ユーザーエクスペリエンス）的にあまり好ましいものではありません。私たちが提供したいのは、「ファッションとの出会い体験」であり、ライフスタイルの一部としてそれを楽しんでいただきたいのです。サブスクリプションモデルを導入することで、私たちが実現したい世界観に近づけられると考えました。

また、事業者側としては、サブスクリプションモデルは必然的にお客様とのコミュニケーションを継続的に、かつ密に図ることが可能となります。お客様のライフスタイルや習慣、文化を考えていくと、スマートフォンで密にコミュニケーションを取るのが当たり前の時代ですよね。

ですから、私たち事業者も「定期的にアンケートを取る」だけでなく、日常的にお客様とコミュニケーションを図り、サービス改善の種をたくさん得て、スピーディに改善していくことが重要だと考えているのです。

――これまでになかったサービスを提供されていますが、どのように準備を進めたのですか。

先ほどお話しした通り、まずは創業の3人でビジネスモデルを検討し、仮説を立てて事業を組み立てました。そして、将来的にお客様になるであろう20～40代の女性200～300名ほどにモニターリサーチを行い、価格設定やサービス内容などを詰めていきました。

また、何か事業をはじめるときには、「スモールスタートでとりあえずはじめてみて、やりながら改善していく」というのが鉄則なのでしょうが、私たちのビジネスモデルは、業界の常識を覆すようなものでしたので、本当に大変でした。

たとえば、クリーニング会社は通常、おしゃれ着やワイシャツ、アウターなどを取り扱っていますが、普段着のカットソーやスウェットを高回転する事業モデルはなかったわけです。それに、倉庫会社で単品管理を行ってくれるところもありませんでした。ですから、倉庫の中にクリーニングの担当部署を作り、アイテムを単品管理し、会員へ発送し、返却されたアイテムを全点検品し、クリーニングに割り振りする業務フローを一から考えました。そして、パートナー企業にご協力いただき、一つひとつ試行錯誤しながら、改善を続けてきました。これはお客様にアイテムをお届けする際、品質に直結する部分ですので、今でも妥協せず、当社の専門部署が倉庫に常駐し、業務フローの改善を行っています。

サブスクリプションモデルの場合、必ず継続的にサービスを展開しつづけることになりますから、はじめる段階からかなり綿密に考えておくことは重要だと思います。

――顧客向け施策としてどのようなことに取り組んでいますか？

私たちが提供している価値は「ファッションとの出会い体験」ですから、サービスを通じて「ブランドやアイテムと最高の出会いをした」と実感していただくことが何より重要なことだと考えています。

事業をはじめるにあたって意識したのは、「新しい出会い体験が起こりつづける」ということ。既存の定期購入型ファッションレンタルサービスを研究したところ、3ヶ月目の退会率が圧倒的に増すというのです。それは、届いたアイテムに新鮮さが感じられないと「このまま似たようなものが届くんだろうな」と、その後のパターンを容易にイメージできてしまい、体験価値を感じられなくなってしまうからでしょう。

洋服の好みというと、個人の趣味嗜好に左右され、ある種固定観念のように決まっているところもありますが、私たちは「その人自身が予想もしなかったファッションとの出会い」も提供したいと考えています。そのために250名以上のスタイリストがサービスに登録し、活躍していただいています。スタイリストには、実際に広告や雑誌などで活躍される方もいれば、イギリスやデンマークなど、海外にお住まいのスタイリストもいるのです。そういった方々が、顧客と直接コミュニケーションを取り、顧客にコーディネートをご提案しています。

また、私たちは独自に開発したスタイリング提供システムで、顧客の洋服の好みとアイテムの在庫情報に基づき、顧客一人ひとりにパーソナライズされたコーディネートをマッチング・提案するようにしています。このシステムでは、社長室直下のデータサイエンティストチームがＡＩ技術などを活用し、蓄積されたさまざまなデータを分析して、顧客とスタイリスト、アイテムのマッチングを行っています。そして、顧客のフィードバックや返却回数など、利用履歴を分析し、コーディネートのさらなる精度アップにつなげます。そのため、これまでに一つとして同じコーディネートを提案したことはなく、述べ数百万種類以上のコーディネートを顧客に提供しています。

こうして、「最高の出会い体験」を提供しつづけることで、お客様は何かお気に入りのブランドと出会って、それを購入するようになったとしても、「さらに他のブランドに出会わせてくれるかもしれない」という期待感を持ちつづけてくださいます。そのため、退会することなく、そのまま継続してご利用いただけるのです。

――新規顧客の反応率を高めるための取り組みは？

実は、私たちは一律的な「初回無料キャンペーン」は行っていないのです。ただ、他の企業とコラボレートして、たとえばオイシックス様のボックスにクーポンを同梱したり、パソナキャリア様で転職された方に「入社お祝いキャンペーン」として、１ヶ月無料サービスを行ったりしています。また、顧客の方向けに紹介キャンペーンとしてクーポンコードを発行しています。インターネット広告ではさまざまなマーケティングを行いながら、どんな施策やキャンペーンが反応率が高いのか、地道に実行と検証を繰り返しています。

最近では「パーソナルスタイリング」そのものを気軽に体験していただこうと、期間限定でマルイの店舗などにポップアップショップを設置しています。やはり、パーソナルスタイリングが提供する喜びや発見は、実際に体験していただいたほうがより伝わるのではないかと考えています。

――顧客の継続率を上げるために取り組んでいることは？

そもそもの考え方としては、私たちのサービスを利用いただくとき、初回から「素晴らしい体験ができた」という実感が、その後の継続率にもつながっていくと考えています。ですから、スタイリストの方にはとにかく「最高のスタイリング体験を提供してください」とお願いしています。そして、データサイエンティストチームも最高の体験を実現するために、退会率や継続率と相関関係のあるさまざまなデータを導き出し、継続的に改善しつづけています。そこでしっかり、お客様のスタイルや体型に合ったコーディネートを提案することが重要です。

たとえば、こういったサービスの場合、「お得であればあるほど、お客様に支持いただける」と考えがちですが、必ずしもそうではないことがあるのです。以前、値引き率の高いアイテムばかりをピックアップしてお送りしたことがあったのですが、顧客目線からすると「売れ残りのアイテムが送られてきた」という懸念を与えてしまい、その後の継続率が伸び悩んだことがありました。やはり、一律に「お買い得なものを」「便利なアイテムだから」と考えるのではなく、本当にその方の目線に立って、どんなことに本質的な価値を感じているのかを理解したうえで、ファッションスタイリングを提供するべきなのです。

また、サービスのクオリティもさることながら、コミュニケーションも大切にしています。スタイリングをお届けする際、必ずスタイリストからのメッセージをお送りしています。コーディネートも同じものが二つとない、その方のためだけに考えられたものです。そして、お客様からも「この洋服は気に入りました」「これはちょっと着づらかった」などとフィードバックをもらい、「交換日記」のようなやり取りをしているのです。

――それほど顧客と密なコミュニケーションを取っているなら、ポジティブな意見もいただけそうですね。

本当にそうなんです。「生まれてはじめて男性から声を掛けられた」とか、「スタイリングしてもらった服を着て彼氏とデートに行ったら、プロポーズされたので、記念にその洋服を購入しました」とか、「普段は絶対に着ないような服だったけど、思いきって着てみたら、いつもオシャレな同僚に褒めてもらえた」とか。多くの方に「スタイリングで自分自身が変わった」というお声をいただいています。なかには、スタイリストでなく私宛てにメッセージを寄せてくださった方もいて、「ファッションが好きだったのに、仕事で体調を崩して、部屋に閉じこもる日々が続いていた。そんなときにエアークローゼットと出会い、家の中で少しずつファッションを楽しんでいるうちに元気を取り戻して、今では仕事にも復帰することができた。こんなサービスを作ってくれて、本当にありがとうございます」と……。私自身、ファッションとはまったく縁のないIT業界で働いてきましたが、まさにファッションの持つ力を大きく実感した出来事でした。

やはり、ファッションには気持ちと直結する部分があって、いつもと違う自分と出会うことで、ちょっと背伸びしたり、出かけてみようという気持ちになったりして、そこでまた新たな人との出会いが生まれたりする。人を動かすだけの魅力があると思うのです。ですから、私たちはこれからもずっと「出会い体験」そのもののクオリティを高めることに注力していきたいと考えています。

――サブスクリプションビジネスを成功させる秘訣は？

そもそも、サブスクリプションであることの本質的な意味を考えると、お客様と継続的に関係性を結ぶからこそ、定期的にコミュニケーションを図ることができます。ですから、提供するサービスは、「お客様に求められつづけるもの」でなければなりません。私たちはビジョンとして「誰もがワクワクする、新しい『あたりまえ』をつくろう。」を掲げていますが、誰もがワクワクするようなサービスを提供できたとき、お客様のライフスタイルをハッピーにすることができると信じているからです。私たちもまだ道半ばではありますが、お客様と定期的にコミュニケーションを図りながら、ライフスタイルに寄り添うサービスとして日々進化していこうと考えています。進化していくためには、やはりお客様のフィードバックが重要です。それはある意味「お客様とともにサービスを作っていく」ということだと思います。

また、サブスクリプションビジネスというと、どうしてもオンラインサービスをイメージしてしまいますが、実店舗でも可能性はあると思います。とあるスポーツジムではその一画にキュレーション型の物販エリアを設けてさまざまなものと出会える場所を作っていると聞いて、良いアイデアだな、と感じました。定期的にその場所へ訪れる方に、どんな価値を提供するべきなのか、という視点でサービスを考えてみると、さまざまな施策が考えうるのではないでしょうか。当社でも、エアウィーヴ様とコラボして、「極上の睡眠をレンタルで体験」と称して、期間限定でマットレスをレンタルできるキャンペーンを行い、非常に好評をいただきました。エアークローゼットのお客様はファッションに限らず、「新しいものとの出会い」を求めていらっしゃると実感しました。

――今後の展望は？

私たちが目指しているのは、お客様もスタイリストもブランドも、そして会社も幸せになり、繁栄していくようなビジネスモデルです。「お客様にとって最高のファッションとの出会い体験」を目指したとき、誰かが無理をきたし、継続的な価値提供をできないのでは、意味がない。たとえば、スタイリストが「このアイテムを重点的に勧めようと会社から言われているから、コーディネートに加えよう」などと強いられてしまうと、それはお客様のためにはなりません。あくまで「お客様にとって最高の出会い体験」を提供することに注力した結果として、継続率や販売率が上がるのが理想的です。お客様に満足いただけるスタイリストがいて、ブランドがあって、継続的にフィードバックをもらいながらクオリティを改善しつづけ、お客様へさらに最高の価値提供ができるビジネスモデルを追求していきたいと考えています。現在はレディスに特化していますが、メンズ、シニア、キッズ、マタニティと、他の領域にも広げていこうとしています。そしてゆくゆくは、スタイリングの仕組みを海外にも展開し、日本のファッション文化を伝えていきたいと考えています。

そもそも、買い物はこれまで、お客様の能動的な行動に支えられていました。Eコマースが実現してから、「お店に行く」という能動的な行動を行わなくても、好きなものを選んで手に入れることが可能となったわけです。そしてこれからは、あらゆる情報や物があふれる世の中において、「選ぶ」という行動から少し距離を置いて、「選ばなくても、素晴らしいものや最適なものと出会える」サービスを科学し、提供していきたいと思います。

●成功のポイント・解説

ファッションレンタルサービスは、海外だけでなく日本でも数社が提供しており、シェアリングエコノミーの観点から注目を集めている事業モデルです。ラグジュアリーブランドのバッグがレンタルできる「LAXUS（ラクサス）」や、アパレル製造小売のストライプインターナショナルが提供する「MECHAKARI（メチャカリ）」など、それぞれに特色はありますが、エアークローゼットの特長はなんといっても、徹底した「**パーソナライゼーション**」。顧客の趣味嗜好を記したカルテや、顧客からのフィードバックを参考にするだけでなく、返却回数や継続率、アイテムやブランドに対する評価や、スタイリストとの相性など、さまざまなデータを蓄積し、データサイエンティストによって分析。顧客が継続的に借りれば借りるほど、「自分好み・自分に合ったファッションコーディネート」が実現するのです。サブスクリプションモデルでは「**レコメンドモデル**」に分類されます。

注目すべきは、サービスを「**新しい出会い体験の提供**」と定義したこと。さまざまな情報があふれ、選択肢も無数にあるなかで、「自分に最適なものを選ぶ」難易度はますます上がっています。ファッションという、日常のライフスタイルから切っても切り離せない領域で、かつ一般的に「センス」が問われるものだからこそ、「何が自分に似合うのかわからない」「選ぶのが面倒だけど、『センスのない人』とは思われたくない」といった顧客の心理や悩みを理解し、その解決を図るようなサービスを実現しました。また、インターネットによって、自分自身の趣味嗜好が固定化・タコツボ化しやすい時代だからこそ、「予想もしなかった発見や想像しなかった出会い＝セレンディピティ」の価値が高まっています。単に「顧客の好みに合わせて提案」するだけでなく、「プロのスタイリストによる、意外性のあるコーディネート」を提供することが、サービスにさらなる付加価値をもたらしているのです。

最後に、「お得（O）」「悩み解決（N）」「便利（B）」に当てはめてみましょう。

お得（O）

・定額で洋服を好きなだけ借りることができる（※レギュラープランの場合）
・クリーニング代を気にせずファッションを楽しめる

悩み解決（N）

・センスに自信がなくても、オシャレができる
・自分の体型や雰囲気に合った洋服をプロが選んでくれる
・固定観念にとらわれず、新しいコーディネートに挑戦できる

便利（B）

・洋服を選ぶ煩わしさから解放される
・「買ったもののあまり着る機会がなかった洋服」を減らすことができる
・クローゼットの無駄な洋服を処分して、つねに新鮮なアイテムを着回すことができる

CASE 4

ネオキャリア「jinjer」
サービス品質と大胆な投資で拡大するプラットフォーム

株式会社ネオキャリア
設立：2000年11月
本社：東京都新宿区
資本金：3億6238万4890円
従業員数：3204名（2018年12月末現在）

株式会社ネオキャリアは、中途採用支援・求人広告事業や中途人材紹介、技術者派遣、新卒採用支援・求人広告、新卒紹介など、さまざまな領域の人材ビジネスを展開しています。中国やシンガポール、ベトナムなど9の国と地域にも現地法人を展開し、21のグループ会社を要するグローバル企業です。そんなネオキャリアは、次なる戦略としてHRテック領域にも進出。2016年にはHRテックの新規事業としてサブスクリプションモデルを導入したサービス「jinjer（ジンジャー）」を開始しました。それにはどんな背景があったのか。社運をかけたその決断について、西澤亮一代表取締役に話を伺いました。

——事業をはじめた経緯は？

人材ビジネスというのは、新卒や中途、アルバイト、あるいは看護、保育、テクノロジーなどある特定の業界や人材に特化して、「○○に強い」といった形で、それぞれの会社の特色を出すものなのですが、基本的には、典型的な労働集約型ビジネスなのです。企業のニーズに合った人材を集め、採用するために、求人広告や紹介を行い、あるいは人材を派遣するといった形で事業を展開していきます。

昨今、少子高齢化や労働者人口の減少を背景とした人材不足ということもあって、マーケットとしては大きく伸長し、当社も2018年9月期は前年対比121%となる500億円超の売上高を記録しました。ただ、長期的に考えたとき、このトレンドが続くわけではありません。2020年を境にマーケットが成熟期を迎えることは目に見えています。そうなると、これまで企業は人を採用することに注力していましたが、これからは人をいかに長期的に定着させ、育成し、組織を活性化していくこと……つまり「人材管理」に、企業のニーズが移っていくのではないかと考えたのです。

そういった視点で海外を見てみると、特にアメリカでは、人材管理や人材育成、福利厚生や従業員エンゲージメント（愛社精神）など、人事業務を包括的に効率化する「HRテック」サービスが注目を集めています。人事管理や財務管理を行うことができる「Workday（ワークデイ）」や、中小企業向けの人事管理ツール「Zenefits（ゼネフィッツ）」といったサービスです。これらに共通しているのは、「MDM（Master Data Management：マスターデータ管理）」。つまり、マスターデータを一つのデータベースで一元管理し、人材管理や勤怠管理、経費管理などを横断的に設定・運用することができるのです。

日本では、大企業向けに大手ベンダーが独自のシステムを開発していたり、1000名前後の企業なら、統合業務ソフトウェアが提供されていたりしていますが、500名未満の企業になると大きくシステム化されている比率が下がり、2割程度しかシステムを導入されておらず、圧倒的に非効率な状況となっています。クラウドやデバイスの発達、そしてテクノロジーやデータ活用の観点から、当社では、まだ日本では未成熟の中小企業向けのマーケットに焦点を当て、包括的な人事業務が可能となる仕組みを開発し、ソリューションとして提供していくことにしました。それが、人事領域を横断的にマネジメントできるHRプラットフォーム「jinjer」です。

――jinjerとはどういったサービスですか？

コンセプトは「1Master 1DB」。つまり、従業員情報をデータベースに一元化し、各人事業務を一つのプラットフォームに集約することで、大幅な効率化を図ることができます。機能としては、「人事管理」「勤怠管理」「労務管理」「コンディション管理」「経費管理」「マイナンバー管理」「採用管理」の7種類を提供していて、プランによって選択することができます。

プランとしては、すべての機能が無料で試せる「トライアル」、1IDにつき300円で1機能とデータベースが使える「HR Light」、1IDにつき600円で3機能とデータベースが使える「HR Standard」、1IDにつき1000円で5機能とデータベースが使える「HR Premium」があります。はじめは勤怠管理や経費管理などからスタートして、後から必要な機能を拡張していくことも可能です。

たとえば勤怠管理は、従業員一人ひとりがスマホのプラットフォーム上で出勤や退勤を記録。シフト管理もそれぞれの希望をプラットフォーム上で入力し、集約することができます。残業時間や勤務時間、笑顔判定など勤怠管理データをAIで分析し、エンゲージメントスコアを割り出すことも可能です。そして人事管理では、ある従業員に職歴を紐付け、人事異動や昇進など属性や役職が変わる際に、一度入力すればすべての人事業務で利用される従業員情報を最新のものに更新することができます。ただ、最新情報だけでなく、これまでの経歴もデータとして蓄積されるため、入社何年目で、これまでどんな組織で誰と一緒に働いていて、そのときにどんなエンゲージメントスコアだったかもわかるようになります。ですから、どんな組織編成を行えばいいか、適切に検討することができるのです。また、入社時の手続きについても、紙の書類を渡すのではなく、事前に入力フォームへ記入してもらえば、そのまま本人の個人情報を登録することができ、大きく効率化することができます。

そのほか、従業員のコンディションを定点観測する「コンディション管理」や交通費申請や仕訳を行う「経費管理」など、さまざまな人事業務を個別にPCやスマホで簡単に行うことができます。そうやって人事業務にかかる時間や労力を軽減し、そのぶん、従業員一人ひとりへのフォローやコミュニケーションにかける時間に費やすことで、従業員の定着率向上や退職率低下につなげられるのが、このサービスの大きなポイントです。

――売上や顧客数はどういった状況でしょうか？

事業単体の売上高や個別のＩＤ数は公開していないのですが、２０１６年4月の正式リリース以来、順調に導入企業数を伸ばし、その数は８０００社以上となっています。ほとんどマーケティングを行ってこなかった中でこれだけの実績を挙げられていますから、それだけ多くの企業に求められているサービスなのだと実感しています。基本的には1年更新となっているのですが、おかげさまでほとんどの企業に継続していただいています。サービス開発にあたっては多くの投資をしていますから、まだそれを回収する段階までには届いていませんが、これから積極的にマーケティングを行うフェーズに入ってきたと言えるでしょう。

――導入した企業からはどんな声が？

「これまで手書きでタイムカードを書いていた」「まったくシステム化されていなかった」といった企業が多いのですが、やはり「オペレーションコストが劇的に減った」という喜びの声が本当に多いです。ある企業では、全社員の総労働時間を約5・6％削減することができ、8人分の工数削減につながったといいます。また、ある飲食店チェーンでは、これまでLINEでスタッフからシフト希望を募って、店長がそれを集めて、エクセルで表を作って、突発的に人が足りなくなったら「明日、シフト入れない？」とメッセージを送っていました。それが、jinjerを導入してからは、スマホで自動的にシフト希望が集められるだけでなく、データとしてシフト状況が蓄積されていくことで、どの曜日や時間帯にどれくらいのスタッフが必要になるのか、事前に予測し、人員を最適化することが可能になったのです。「こんなサービスを待っていた」という声をいただいています。

やはり、飲食や介護などサービス業は、人手不足が切実な課題です。なかなかスタッフを採用できない、採用できてもすぐ辞めてしまう……といった中、採用した方にどれだけ気持ちよく、エンゲージメント高く働いてもらえるかが、本当に重要なことなのです。

――新規顧客の反応率を高めるための取り組みは？

先ほどお話しした通り、そこまで積極的なマーケティングは行っていませんでした。その代わり、当社は「HR NOTE」という中立的なオウンドメディアを運営しており、そこからの問い合わせが、毎月数百～千件程度となるくらい、見込み客との有力な接点となっています。「勤怠管理　比較」などと検索をかけると、当社のメディアがヒットするくらい、SEO（検索エンジン最適化）対策としては成功しています。

そもそも、このサービスが多くの方に注目いただいているのは、時代背景があることも確かです。かつては新卒一括採用、年功序列、終身雇用という固定化された人事制度があって、いかに優秀な新卒を採用するか、全国転勤でどう人を配置するか、誰を昇進させ、どの部署へ異動させるか、オペレーションを回すことが人事の仕事だったわけです。けれども今や終身雇用を前提とした人事制度は崩壊し、中途社員や外国人など多様な人材も含めて企業組織を構築していくことが必要となりました。その中で、しっかりとした戦略として人材採用や育成、組織開発を行っていかなくてはなりません。それなのに、まだ人事業務はいっこうに効率化されず、ますますオペレーションは複雑化していく。また、多くの企業が「働き方改革」に取り組み、勤務状況の把握や適切な人材配置を行い、長時間労働の是正や残業時間削減を実現する必要に迫られている。そう、確実にフェーズが変わってきています。今まさに、経営者や人事のマインドを転換し、「戦略人事」へと舵を切らなければならないのです。それに気づいた企業の皆さまからお問い合わせをいただく形で、着実に新規顧客を伸ばしてきました。

ただ、プレリリースの段階では、企業の皆さまには基本的に無料で試用していただいていました。その代わりモニターとして、使いやすさや必要な機能、要望などをフィードバックいただきながら、改善や機能拡充を進めてきたのです。お客様にも率直に、「困ったことがあれば全部お教えください」「気になるところはありませんか」と、定期的に吸い上げを行うようなカスタマーサクセスチームを立ち上げ、日々フォローアップを行っていました。また、いただいたご質問に対する回答などもデータとして蓄積しながら、チャット形式でカスタマーサクセスもできるようにしていきました。本当に、最初の半年は皆さまとサービスを「一緒に育てていく」ような形でオペレーションや機能改善に努め、まずはプロダクトとして、誰に紹介しても恥ずかしくないものにしようと、100名規模の開発チームの半分は機能改善を、もう半分は機能拡充を行うような形で、開発に注力していきました。

会員企業に導入いただいてから最初の更新のタイミングがまさに勝負どころではありましたが、およそ8~9割の企業に契約更新をいただき、目標値をクリアすることができました。

現在では各有料プランに無料トライアル期間を設けながら、とにかく「使っていただくこと」を意識して細やかなカスタマーサクセスを行っています。また、2018年8月からは「パートナー制度」を開始し、ソフトバンクコマース&サービスやデルなどと販売代理店契約を行い、各社の取引先様に

jinjer

ソリューションのひとつとしてｊｉｎｊｅｒをご提案していただいています。

――顧客の継続率を上げるために取り組んでいることは？

先ほどのカスタマーサクセスの話にも関連しますが、初回の契約更新に至らなかった１、２割ほどの企業からは、「うまく使いこなせなかった」「使いづらかった」といった意見をいただきました。やはり、サブスクリプションモデルとして継続的にお金をいただく以上、プロダクトとして使いやすさや機能性を追求して、お客様に満足いただけるものを開発しなければなりません。ですからまずは開発に注力してきたわけです。

私たちはこれまで人材ビジネスを手がけ、セールス優位な側面があったのですが、開発チームを立ち上げるにあたって、まるでスタートアップ企業のように、優秀なエンジニアが集まり、働きやすい環境を整備しました。オフィスのファシリティを充実させたり、夜型で働く人が多いのでコアタイムをずらしたり、みんなでお揃いの「ｊｉｎｊｅｒパーカー」「ｊｉｎｊｅｒＴシャツ」を着たり……本当に細かいところなんですけど、当社のカルチャーである「ネオキャリア・ステートメント」のエンジニア版をＣＴＯ（最高技術責任者）に作ってもらって、組織文化からアップデートしていきました。

そうすると、少しずつその雰囲気がセールス側にも波及していって、「セールス」「開発」と部署ごとに分かれていたのが、セールスにもプロダクト視点を持った人、開発にもカスタマー視点を持った人が出てきて、まさに顧客が求める機能が生まれたり、カスタマーサクセスを充実させたり、組織が機能性を持って再構築されていくようなフェーズがありました。そして、その結果として多くの顧客に満足いただけるプロダクトを開発することができたのです。

やはり、サブスクリプションモデルだからこそ、これまでのように、成果報酬として売上を上げる「狩猟型」のビジネスではなく、とにかくいいプロダクト、いいサービスを開発して、顧客に支持される「農耕型」のビジネスに転換することが重要なのだと思います。

また、基本的なことではありますが、お問い合わせいただいた企業に対して、トライアルからしっかりフォローして導入、運用までカスタマーサクセスを行っていくことにも注力しています。

――組織づくりからプロダクト開発、カスタマーサクセスまで、かなりの初期投資を行っているように見受けられますが、なぜそこまでアクセルを踏み込むことができたのでしょうか。

これは経営者として、どこまで投資するか、その覚悟があるか、というところではあったのですが……この事業をはじめようと決めたとき、「最重要課題として取り組み、この領域で一番になる」と誓ったのです。それは、先ほどお話しした通り、人材業界の構造的な限界が見えてきたなかで、「従業員情報」にフォーカスすれば、業界構造をディスラプト（破壊）し、当社が一番を取れる可能性も考えられるからです。私たちは業界の中でも若い会社ですし、リクルートをはじめ数千億規模の売上を上げる企業がいくつもあります。

これまでは、その時点の「点」でしか見られていなかった人事にまつわる従業員情報を蓄積し、「面」あるいはタイムラインとして見ることができるようになると、組織としてどうあるべきか、経営戦略として考えられるようになる。それを可能とするのがｊｉｎｊｅｒだと考えているのです。

――今後の展望は？

ｊｉｎｊｅｒについては、より顧客の利便性、機能性を追求しながら、新たな試みとして、２０１８年12月に東京海上日動火災保険と業務提携し、サービスやビジネスモデルの共同開発を行っていくことになりました。ｊｉｎｊｅｒを利用している企業の従業員に対して、東京海上日動のノウハウを活用し、勤務状況、家族構成、これまでの保険などを踏まえてその人に合った保険を提案したり、保険のカスタマイズをしたりしようと、すでに一部サービスが開始されています。

今後、従業員情報を活用して、与信枠のＡＩ判定やライフプランに合った情報発信など、ｊｉｎｊｅｒ上で従業員の方向けにさまざまなサービスを提供できるのではないかと考えています。

また、ｊｉｎｊｅｒ以外でもサブスクリプションモデルのサービスをすでに二つスタートしています。ウェブ会議やオンライン商談、チャット接客システムを集約したオンラインコミュニケーションツール「Ｃａｌｌｉｎｇ（コーリング）」、働いた分だけすぐに給与が引き出せる前払給与サービス「ｅｎｉｇｍａ ｐａｙ（エニグマペイ）」の二つがそうです。同様のサービスを日本だけでなくインドネシアでもスタートしていて、タイ、韓国、フィリピンと各国でも開始予定です。

個人情報に関連するデータ活用は、すでに多くの企業によって発展しつつありますが、ＥＵの一般データ保護規則（ＧＤＰＲ）に代表されるように、いかに個人の同意を得るかなど、個人情報保護の観点から法的に難しい側面もあります。けれども従業員情報に関連するデータ活用は、あくまでも企業と従業員の同意に基づくものです。ですから、この従業員情報にフォーカスすれば、ビジネスの可能性は大きく広がっていきます。私たちは「15億人の従業員情報を集約したデータベースを作る」ことを目標に、ビジネスを生み出していきたいと考えています。

成功のポイント・解説

ネオキャリアが開発したｊｉｎｊｅｒは、アメリカで人気を集めているＨＲテックサービスをヒントに、人材不足、従業員の多様化、働き方改革など、日本企業の課題を解決する「人事業務プラットフォームサービス」です。サブスクリプションモデルとしては

「**会費制モデル**」にあたります。

特筆すべきは、その**サービス自体の圧倒的な優位性・機能性**でしょう。これまでコストや技術的な問題でシステム化が立ち遅れていた「中小企業の人事業務」や、人材管理や勤怠管理、経費管理など業務別に使うソフトウェアが分かれていた「人事業務の非効率性」に焦点を当て、便利な多機能型人事業務プラットフォームを開発しました。

また、「優秀なエンジニアを集めて開発チームを作る」「プレリリース時はとにかく無料で使ってもらい、フィードバックをもらう」などと、**開発にあたって思い切りよく投資**したからこそ、素晴らしいサービスが生まれたのも事実です。

ただ、これを「海外にも展開するグローバル企業だから実現できたのだ」「大きな資本がなければ実現できない」と短絡的に見てしまうのはもったいない。ここで注目すべき本質は、人材業界という「いま大きく伸びている市場」に軸足を置きながらも、それに慢心することなく、そこで得た利益をしっかり未来に投資し、「従業員情報のデータ活用」という新たな可能性を見出していることです。

誰もが待ち望んでいたような素晴らしいプロダクト・サービスを開発し、それにサブスクリプションモデルを適用することができれば、まさに「鬼に金棒」、お客様はずっとそのプロダクトやサービスに会費を支払い続けるでしょう。

では最後に、「お得（O）」「悩み解決（N）」「便利（B）」に当てはめてみましょう。

お得（O）

・独自に人事業務システムを開発したり、統合業務ソフトウェアを導入したりするよりも圧倒的に安価で多機能型クラウド人事業務システムを導入できる

・コストの問題で人事業務をシステム化できていなかった企業がシステム化できる

悩み解決（N）

・人事業務を効率化し、業務工数や残業時間を削減できる

・オペレーション一辺倒から戦略的な人事に転換できる

・従業員の定着率向上や離職率低下につなげられる

便利（B）

・従業員情報を一元化し、人事業務を集約、効率化できる

・従業員の職歴や組織図をタイムラインとして管理できる

・従業員のエンゲージメントスコアを把握できる

・シフト管理が容易になる

CASE 5

大嶌屋
99%は電話！　細やかな顧客対応で躍進する食品通販

株式会社大嶌屋
設立：1994年6月（創業：1991年6月）
本社：熊本県宇城市
資本金：300万円
従業員数：130名（2018年2月末現在）

熊本県に本社を置く株式会社大嶌屋は、果物や野菜、馬刺などの食品を産地直送する「おおしま屋」を運営する通信販売会社。日本で初めて「食べきりサイズの馬刺」を真空冷凍によって商品化し、生産農家から農作物を直送するシステムを確立するなど、顧客目線での商品開発で成長を遂げてきました。そんな大嶌屋は、産地直送事業を始めて間もないタイミングの2009年から「定期便」をはじめています。実際のお客様とのやり取りや商品管理について、大嶌健太郎専務から話を伺います。

――事業をはじめた経緯は？

当社はもともと、健康食品と化粧品を取り扱う通販事業と、通販コンサルティング事業を行っていました。あるとき、当社代表（大嶌法子氏）が北海道に本社のある会社へ1年ほどコンサルティングを行っていたのですが、商材を検討するなかで提案した商品企画が、ジンギスカンでした。ジンギスカンを真空冷凍し、一人前の食べ切りサイズで販売するのです。この商品は大きな支持を集め、1年間で1万人の方にご購入いただけました。この経験をもとに、「うちでも食品を販売してみよう」と目をつけたのが、熊本の特産物である馬刺です。馬刺は今でこそ、さまざまな会社で取り扱われていますが、「一人前・食べ切りサイズの真空冷凍」で商品化したのは、2005年当時、当社が初めてでした。そしてラジオショッピングでご案内したところ、予想を上回る反響を受け、その後、新聞広告、テレビコマーシャルと広げていくことで、爆発的な売上を記録することができたのです。それまで販売してきた健康食品や化粧品は、習慣的に購入されるお客様が多い商品でしたが、馬刺は「おいしい」と満足していただかなければ、リピートにつながらない。代表にとっては逆にそれが「面白い」と感じたようで、思いきって食品通販事業をメインに舵を切ったのです。

そして、2008年からはみかんの産地直送販売をはじめました。当社代表が、馬刺よりも幅広い年齢層の方に好まれるような商材を模索するなかで、北海道のコンサルティング先から研修に来られていた方が、八百屋さんで山のように売られているみかんを見て驚いていたことを思い出し、「みかん産地以外のエリアで広告を出し、みかんを売ること」を思いついたのです。みかんが店頭に並ぶまで、通常は市場や仲買業者などいくつかの流通工程をはさみますが、それを生産農家から直販すれば、出荷してからより早く、より安価でおいしいみかんをお客様に提供できるのではないかと考えたようです。みかん農家につてがあったわけではなかったのですが、なんとか直接取引していただける農家さんを見つけ、当社がお客様から注文を受け、生産農家から直接お客様のもとへお届けするシステムを作りました。

みかんの売れ行きが好調に伸びるなか、出荷時期の9月〜4月はオペレーターによるセールスを行っていたのですが、その時期を過ぎるとご紹介できる商材がなくなってしまいます。そのため、何か他の果物をご案内できないか、と地元農家さんに掛け合ったところ、スイカやメロンなど、その他の商材が見つかりました。そうやって、年間を通して果物を直送販売できる体制が整ったところで、２００９年から定期便をはじめました。みかんの出荷時期以外は積極的な広告を打ちにくくなるため、売上も下がる傾向にあるのですが、定期便を始めたことで、継続的に購入いただけるお客様が増え、売上を下支えしてくれる重要な収益源となりました。その後、定期便の種類も増やし、現在では16種を展開しています。

――定期便にはどういった種類がありますか。

主力となっているのは、月額２８３８円（税別）で旬のフルーツをお届けする「フルーツふる里便」です。その他、フルーツ４〜６種類を詰め合わせた「季節の彩り詰め合わせ」や、月1回・2週に1回・週1回からお届けする頻度を選べる「採れたて野菜直行便」、そして馬刺やお米、お茶やルイボスティーなどの定期便があります。

――売上や顧客数はどういった状況でしょうか？

2017年5月期時点で16億6200万円となっていて、定期便をはじめて以降、堅調に成長してきています。売上のうち8割は果物によるものです。会員数は70万人、そのうち定期会員数は1万4000人となっています。単品購入のお客様のリピート率も比較的高く、6割の方は2回目の購入につながっています。

――お客様とのやり取りは、オペレーターによるものが多いのでしょうか。

オペレーターによる電話でのご案内がほとんどです。BS放送でのテレビCMや新聞広告でマーケ

「おおしま屋」

ティングを行い、オペレーターがインバウンド（お客様からの電話対応）を行うほか、会員の皆さまへアウトバウンド（オペレーターから電話をかけること）を行っています。当社のお客様のメインターゲットは60代以上の方で、お客様ご自身だけでなく、そのご家族のもとへお届けすることも多いのです。その他、自社公式サイトと楽天市場でＥコマースを展開しています。

――大嶌屋のサービスの特長はなんでしょうか。

当社の特長は、「生産者の顔が見える通販」です。全国３５０を超える生産農家と契約し、どんな思いで作物を作られているのか、農家の方の顔写真付きの手紙を同梱し、お客様へお届けしています。その手紙はすべて当社のデザイン制作部が制作を行っており、もちろん農家の方によって内容も一つひとつ異なります。直接農家の方のもとへ足を運び、取材してわかったこだわりや作物の品質の良さなどを、手紙やカタログで伝えています。

また、商材選びと品質向上には力を入れています。お客様からいただいた喜びの声やお叱りの言葉は毎週農家の方へＦＡＸで送り、フィードバックを行っています。契約農家の方同士で切磋琢磨していただくべく、お褒めの言葉の多い農家さんから重点的に発注を行うようにしています。そして、果物が旬の時期を迎える前に「目慣らし会」を行い、果物の品質に対して一定の基準が保てるよう、農家の方と意見交換や意識のすり合わせを図っています。商材選びについても、お客様からの声を参考にすることがあり、たとえば秋田のお客様から「こっちのリンゴは甘くておいしいよ」と意見をいただき、その3日後には秋田へ向かったこともありました。実際にリンゴ農家さんへ足を運んでみると、「リンゴといえば青森」というイメージがあるぶん、周辺の県の農家さんが「青森に負けるまい」と、非常に頑張っているんですよね。そこで出会った農家さんと契約したところ、お客様からも「秋田のリンゴがおいしい」と、お喜びの声をたくさんいただいています。

――新規顧客の反応率を高めるための取り組みは？

テレビＣＭや新聞広告では初回限定のお得なセットやお試し商品をご用意して、まずは実際に商品のおいしさを体験していただけるようにご案内しています。特に「不知火完熟おでこちゃん」は、初回限定のお試しセットを１８４３円（税別）で販売しており、多いときで１ヶ月に２万個近く売れる看板商品となっています。オペレーターが電話を受ける際には、お客様の反応を見て、興味を持っていただけそうな方には定期便のご案内をするよう、伝えています。ただ、あくまでそれは「お客様が興味を持っている場合」であって、無理に押し切ることはありません。単品購入のお客様でも、その後の購買履歴を見て、何回かご購入いただけているようであれば、こちらから電話を差し上げ、「定期購入のほうがお買い得ですし、ポイントが貯まると果物と交換することもできるので、おすすめですよ」とご案内するようにしています。

——顧客の継続率を上げるために取り組んでいることは？

定期会員の場合、基本的には1年間の自動更新なのですが、「毎月果物を送って終わり」ではなく、継続的にコミュニケーションを取るようにしています。毎月1回はこちらから電話を差し上げ、お客様のご要望やご意見を伺っています。その際、定期会員の方にだけ、デパートでも買えないような希少品種や人気の契約農家さんの果物を用意し、特別な商材としてご紹介しています。また、フルーツふる里便では毎月3～4種類の中から果物をお選びいただいているのですが、もし食べたい果物がないときでも、「前月までに申し出いただければ休止しますので、お気軽にお声がけください」とご案内しています。

また、オペレーターには「お客様本位」ということを徹底的に伝えていて、お客様からお叱りの言葉をいただいたとき、まずはお客様の声を真摯に受けとめ、傾聴すること。そして「みかんが1つだけ傷んでいた」というとき、「お客様にご納得いただくためなら、みかん箱ごとお送りし直してもかまわない」と伝えています。お客様が本当は何を望んでいるのか、きちんと理解したうえで、どう対応するかはオペレーター一人ひとりを信頼して、任せているのです。

——お客様との関係構築はオペレーターによるところが大きいようですが、人材教育はどのように取り組んでいますか。

当社では、お客様への感謝の気持ちを共有し、お客様に満足いただけるよう、一日を元気よくはじめられる朝礼を行っています。この朝礼は他社からも見学に来られたり、コンテストで優勝したりと、当社の名物になっています。また、オペレーターたちには「商品を売るのではなく、自分自身を売りこんでください」と伝えています。お客様から「あなたが言うなら、間違いない」と信頼していただけるような話し方をしてください、と。そのためには、真摯で丁寧な態度はもちろんのこと、実際に農家さんのところへ足を運んで、みかんの収穫をしたり、生産者の方の話を伺ったりして、商品知識を深める取り組みを行っています。また、ご意見をいただいたお客様には、必ず返信用のハガキとともに手書きによる手紙をお送りしています。すると、「○○さんは真剣に聞いてくれた」「親身になって対応してくれた」などと、ありがたいお言葉をいただきます。そのハガキを掲示板に貼りだすと、それがまた私たちの励みにもなるのです。

――サブスクリプションにはどういったメリットがありますか。

やはり、毎月ある一定の売上が見込めるということは、本当に助かります。特に、農作物は自然環境の影響を受けるものですから、台風被害や日照不足による生育不良などで、違う果物に差し替えなければならないときもあるのです。そういったとき、「自然相手じゃしかたないよ」「こっちの果物も食べてみたかったから」と、お気遣いの言葉をいただくこともあって、本当にお客様に支えられていると感じます。

――サブスクリプションビジネスを成功させる秘訣は？

「お客様・生産農家・会社のすべてが得をすること」ですね。生産農家さんの話を聞いていると、皆さん後継者不足や高齢化に直面していて、豊作不作によって販売価格が変動し、収入も不安定です。そういった農家さんに対して安定的に発注し、きちんとお支払いすれば、新たに人手を雇用し、作物作りにも投資し、品質向上につなげることができます。そうすれば、顔の見える生産者から安心安全で、より高品質な農作物がお客様のもとへ届けられます。お客様のご意見やご要望はしっかり私たちが責任を持って農家の皆さんに届け、フィードバックを行います。そうやって、お客様・生産農家・会社の三者のいい循環が巡って、いいバランスを保っていけたら、繰り返しの購入につながりますし、他の商材にもつながります。私たちの会社は、お客様、生産農家の皆さんなくしては成り立ちませんから、そのバランスはとても大切にしています。

――今後の展望は？

お客様からいただくご意見には、「○○農園さん、ありがとう」とか「○○さんのみかん、本当においしかったです」とか、生産農家に対するお褒めの言葉が非常に多いんです。農家の皆さんは通常、どんなに丹精込めて作っても、他の農家の作物と集約されて、おしなべて販売されるのが当たり前なんです。こだわったところで評価や価格には影響がないなら、なるべく経費かけずに作ったほうが得、という話じゃないですか。どこの誰が作ったかもわからない、どこの誰が食べるかもわからない……という農業をずっとしてこられてた農家の方にとって、お客様からの声が本当にやりがいになっているというのです。農家の皆さん、そして何よりお客様に満足いただけるように、これから商品も拡充していきたいですし、もっと産地直送のおいしさを全国各地へ届けていきたいと思います。

成功のポイント・解説

大嵩屋は、会社設立当初、健康食品と化粧品という「サブスクリプションに適した商材」を主力とした通販事業を行っていたにもかかわらず、信念を持って「食品」へと商材を転換。見事成長を遂げている「志ある」企業です。サブスクリプションモデルとしては「**頒布会モデル**」となります。

その成功の秘訣は、なんと言っても自社コールセンターのオペレーターによる**細やかなカスタマーサポート**。新聞広告やテレビCMといったマスマーケティングを行い、数万〜数十万人にも及ぶ会員数を誇りながら、「99％は電話での対応」「インバウンドとアウトバウンドを組み合わせた定期的なコミュニケーション施策」「ご意見に対する返信は手書きの手紙で」など、人の温かみが感じられるようなカスタマーサポートには、本当に頭が下がります。これは、顧客特性をよく理解しているからこそ。60代以上のシニア層にとって、マスマーケティング×テレセールスは、まだまだ大きな効力を発揮する手法です。

また、果物や野菜といった自然環境に左右される「品質管理の難しい」商材であっても、品質基準を共有する「目慣らし会」の開催や、農家に対してこまめにフィードバックを行い、モチベーションアップを図ることで、品質向上を実現。サブスクリプションモデルに不可欠な「商品力」を担保しています。

食の安全やトレーサビリティ（商品の流通経路が明確にわかること）が重視され、健康志向も高まるなか、「旬の果物」を「産地直送」の新鮮な状態で「市場価格よりもお買い得」に手に入れられる定期便は、シンプルだけど魅力的なサブスクリプションモデルと言えるでしょう。

では最後に、大嶌屋のサブスクリプションモデルを「お得（O）」「悩み解決（N）」「便利（B）」に当てはめてみましょう。

お得（O）

・産地直送の新鮮な果物や野菜、食品を市場価格よりも安価で購入できる
・10回購入するごとに旬の果物を1箱もらえる

悩み解決（N）

・生産者の顔が見えるため、食の安全が担保されている

・安定的に発注してもらうことで、品質向上につなげられる（生産農家）
・消費者から直接フィードバックをもらえる（生産農家）

便利（B）

・重量の大きい果物や食品を直接自宅や家族へ配送してくれる
・気に入った商品がない場合でも気軽に休止できる

CHAPTER
5

サブスクリプション社会の到来

大切なのは、顧客本位のサービスやプロダクト

前章で挙げた5つの企業は、いずれもサブスクリプションを導入しているものの、その事業内容や領域、事業規模や戦略はまったく異なる印象を覚えたのではないでしょうか。大原則として、最も重要なことを挙げるとすれば、ただ一つ。それは、「顧客本位のサービスやプロダクトである」ということです。

サブスクリプションモデルは、顧客数・顧客単価・契約期間という3つの座標軸で考えていけば、売上見込みを立てやすく、継続的な収益を得ることが期待できるため、事業者にとって大きなメリットとなります。けれどもここに大きな落とし穴があるのです。

継続的に収益が得られるという「慢心」が、顧客の不満や失望を招く恐れがあります。顧客フォローをおろそかにしてしまったり、コミュニケーションを積極的に取らなかったり、あるいは事業者の一方的な都合を顧客に押しつけたり……。そんな短絡的な「焼畑農法」を続けていると、みるみるうちに顧客離れが起こってしまうのです。

事業者にもメリットがあるからこそ、サブスクリプションモデルを提供する事業者が最

重要視すべきなのは、サービスやプロダクトが本当に顧客のためになっているか、顧客にとって本当に価値を感じてもらえるものであるか、ということ。

そのためには、お得、悩み解決、便利という「ONB」の3点すべてを満たすサービスやプロダクトを提供し、それを支えるシステム整備やコミュニケーション施策を行うことなのです。

●サブスクリプションビジネス社会の到来

シェアリングエコノミーやテクノロジーの発展を背景に、欧米を中心に大きなトレンドとなったサブスクリプションビジネスが、日本でもようやく芽吹いてきています。

ソニーが2017年から再発売したイヌ型ロボット「aibo」は、本体に加え、3年間のベーシックプランへの加入が必須となっていて、ファームウェアアップデートやクラウドとの接続を行うことで、その学習能力や機能が拡充されていくようになっています。

また、2018年には人気のヘアサロンでのシャンプー・ブローなどヘアケアに特化した定額制サービス「MEZON」がスタートし、2019年には高級ブランド腕時計のレンタルサービス「バイセルハント」や、全国各地の提携先に定額で住むことができるサービス「ADDress」がスタートするなど、大企業やスタートアップが続々とサブスクリプションビジネスへ参入しているのです。

第1章でも触れたように、サブスクリプションの利用経験がある人は、まだごく一部にとどまっています。認知されているサービスの大半は動画配信や音楽配信などデジタルコンテンツで、服やバッグ・アクセサリーや、飲食店などが定額制で利用できることへの認知はほとんどされていないのが現状です。

しかしそれは、サブスクリプションビジネスにはそれだけ大きな成長余地があることを意味しています。サブスクリプション型サービスを認知・利用している割合は、若い世代になるほど高くなっているようです。※ サブスクリプションビジネスは今後どんどん大きくなっていくことでしょう。

サブスクリプションビジネスに対する期待感が高まり、「サブスクリプションビジネスを導入したい」と考える事業者も増えつつある機運を受け、これまで10年近くにわたってこの事業に取り組んでいた私は、2018年12月、新たに一般社団法人日本サブスクリプションビジネス振興会を設立しました。サブスクリプションビジネスを日本のさまざまな業界の市場に浸透させるべく、ノウハウや事例などサブスクリプションビジネスの成功に必要な情報を提供するほか、知見を共有するイベントの開催なども行っていきます。

日本経済をめぐる論調は、少子高齢化や労働者人口の減少による国際競争力や生産性の低下、国内市場縮小など、暗くネガティブなものばかりです。そんなときだからこそ、サ

※ 2018年7月24日「話題のサブスクリプション型サービス。認知率や利用実態を調査！」市場調査メディアホノテ byMacromill

ブスクリプションビジネスの素晴らしさを一人でも多くの方に知っていただき、明るい希望の光を見出してもらいたい——。サブスクリプションビジネスは、お客様にとって「本質的な価値をもたらすことのできるモノ・サービス」を、より多くのお客様に届け、継続的に関係性を築くことができる、素晴らしいビジネスモデルなのです。それは、真面目に、真摯にお客様と向き合おうとする事業者であれば、きっと誰でも実現できるはずです。

サブスクリプションビジネスが、事業規模や領域などにかかわらず、あらゆる業界や企業、職種に広がっていけば、日本のビジネスはまだまだ加速していく。そして世界でも戦っていける——。私はそう強く信じています。

おわりに

私の経営人生において一番の成功はなんですか？　と問われたとき、私はサブスクリプションビジネスとの出会いと答えます。

10年以上の長い間、システムの受託開発事業という労働集約ビジネスを行っていて、景気が悪くなるたび、顧客の経営方針が変わるたびに倒産リスクを抱えていた私が、このサブスクリプションと出会えたことは経営人生で最大の幸運と言えます。それだけサブスクリプションビジネスが事業や顧客にもたらすメリットが大きいのです。

この本が、みなさまのサブスクリプションビジネスの一助となれば幸いです。

最後になりましたが、本書の執筆に当たりインタビューにご協力いただいた富士山マガジンサービスの西野伸一郎社長、ＭＥＪの古賀徹社長、エアークローゼットの天沼聰社長、ネオキャリアの西澤亮一社長、大嶌屋の大嶌健太郎専務、執筆のサポートをいただいた大矢幸世さん、本書構想段階から真摯にご対応いただいた英治出版の高野達成さん、いろんなサブスクリプションに関する刺激と知見を私にいつも与えてくださる日本サブスクリプションビジネス振興会のみなさん、私が社長を務めるテモナのお取引先様、パートナー様、そして社員のみんなに心から御礼を申し上げます。これからも皆様と一緒にサブスクリプションを広めていくことができたら、私はこの上なく幸せです。

佐川 隼人

２０１９年６月

著者

佐川隼人　Hayato Sagawa

日本サブスクリプションビジネス振興会 代表理事
テモナ株式会社 代表取締役社長

学校卒業後、起業した事業が解散。就職し、営業の傍ら独学でプログラミングを学ぶ。その後、約2年オーストラリアへ留学したのち、フリーランスとして独立。いくつかの起業経験を経て4度目の起業となる2008年10月にテモナ株式会社を設立。労働集約型のシステム受託開発事業に限界を感じ、サブスクリプションビジネスモデルに転換。SaaSサービス「たまごリピート」「サブスクストア」を開発。2017年にマザーズ上場を実現。2019年4月、東証一部昇格。2018年12月、一般社団法人日本サブスクリプションビジネス振興会（サブスク振興会）を設立。代表理事に就任。

英治出版からのお知らせ

本書に関するご意見・ご感想を E-mail（editor@eijipress.co.jp）で受け付けています。
また、英治出版ではメールマガジン、ブログ、ツイッターなどで新刊情報やイベント情報を配信しております。ぜひ一度、アクセスしてみてください。

メールマガジン：会員登録はホームページにて
ブログ　：www.eijipress.co.jp/blog
ツイッター ID　：@eijipress
フェイスブック：www.facebook.com/eijipress
Web メディア　：eijionline.com

サブスクリプション実践ガイド
安定収益を生み出すビジネスモデルのつくり方

発行日　2019 年 7月 8日　第 1 版　第 1 刷

著者　佐川隼人（さがわ・はやと）
発行人　原田英治
発行　英治出版株式会社
〒 150-0022 東京都渋谷区恵比寿南 1-9-12 ピトレスクビル 4F
電話　03-5773-0193　FAX　03-5773-0194
http://www.eijipress.co.jp/

プロデューサー　高野達成
スタッフ　藤竹賢一郎　山下智也　鈴木美穂　下田理　田中三枝
安村侑希子　平野貴裕　上村悠也　桑江リリー　石崎優木
山本有子　渡邊吏佐子　中西さおり　関紀子　片山実咲
執筆協力　大矢幸世
校正　株式会社ヴェリタ
印刷・製本　中央精版印刷株式会社
装丁　英治出版デザイン室

ISBN978-4-86276-278-8　C0034　Printed in Japan

サブスクリプション・マーケティング　モノが売れない時代の顧客との関わり方

アン・H・ジャンザー著　小巻靖子訳　本体 1,700 円

所有から利用へ、販売から関係づくりへ。Netflix、セールスフォース、Amazon プライム……共有型経済とスマートデバイスの普及を背景に、あらゆる分野で進むサブスクリプション（定額制、継続課金）へのシフト。その大潮流の本質と実践指針をわかりやすく語る。

カスタマーサクセスとは何か　日本企業にこそ必要な「これからの顧客との付き合い方」

弘子ラザヴィ著　本体 1,800 円

「売り切りモデル」が行き詰まり、新たな経済原理が支配する世界で日本企業はなぜ、どのように変わらなければならないのか。これからのビジネスにおける最重要課題「カスタマーサクセス」の本質を明解に語る。

カスタマーサクセス　サブスクリプション時代に求められる「顧客の成功」10 の原則

ニック・メータ他著　バーチャレクス・コンサルティング訳、本体 1,900 円

あらゆる分野でサブスクリプションが広がる今日、企業は「売る」から「長く使ってもらう」へ発想を変え、データを駆使して顧客を支援しなければならない。シリコンバレーで生まれ、アドビ、シスコ、マイクロソフトなど有名企業が取り組む世界的潮流のバイブル。

プラットフォーム革命　経済を支配するビジネスモデルはどう機能し、どう作られるのか

アレックス・モザド、ニコラス・L・ジョンソン著　藤原朝子訳　本体 1,900 円

Facebook、アリババ、Airbnb……人をつなぎ、取引を仲介し、市場を創り出すプラットフォーム企業はなぜ爆発的に成長するのか。あらゆる業界に広がる新たな経済原理を解明し、成功への指針と次なる機会の探し方、デジタルエコノミーの未来を提示する。

ティール組織　マネジメントの常識を覆す次世代型組織の出現

フレデリック・ラルー著　鈴木立哉訳　本体 2,500 円

上下関係も、売上目標も、予算もない！？　従来のアプローチの限界を突破し、圧倒的な成果をあげる組織が世界中で現れている。膨大な事例研究から導かれた新たな経営手法の秘密とは。12 カ国語に訳された新しい時代の経営論。

アドボカシー・マーケティング　顧客主導の時代に信頼される企業

グレン・アーバン著　スカイライトコンサルティング監訳　山岡隆志訳　本体 1,900 円

「良い関係」だけでは足りない。顧客を徹底的に「支援」せよ!――カスタマーパワーの時代、企業は一時的な利益を捨てて顧客にとっての最善を追求し、長期的な信頼を得なければならない。従来の常識を覆したマーケティング論。